UNIVERSITÉ DE RENNES — FACULTÉ DE DROIT

LES FIANÇAILLES
ET PROMESSES DE MARIAGE
EN DROIT FRANÇAIS

THÈSE POUR LE DOCTORAT

SOUTENUE LE 29 DÉCEMBRE 1897

PAR

F. DUBOIS
LAURÉAT DE LA FACULTÉ

ANGERS
IMPRIMERIE DE A. BURDIN
4, RUE GARNIER, 4

1897

LES FIANÇAILLES

ET PROMESSES DE MARIAGE

EN DROIT FRANÇAIS

JURY D'EXAMEN

MM. JARNO
FETTU
BLONDEL } *professeurs.*

UNIVERSITÉ DE RENNES. — FACULTÉ DE DROIT

LES FIANÇAILLES ET PROMESSES DE MARIAGE EN DROIT FRANÇAIS

THÈSE POUR LE DOCTORAT

SOUTENUE LE 29 DÉCEMBRE 1897

PAR

F. DUBOIS

LAURÉAT DE LA FACULTÉ

ANGERS
IMPRIMERIE DE A. BURDIN
4, RUE GARNIER, 4

1897

A LA MÉMOIRE VÉNÉRÉE DE MA MÈRE

A MON PÈRE

BIBLIOGRAPHIE

DROIT GERMANIQUE

Bouquet (Dom Martin) : *Rerum gallicarum et francicarum scriptores.*
Canciani : *Barbarorum leges antiquæ.*
Davoud-Oghlou : *Histoire de la législation des anciens Germains.*
Esmein : *Étude sur les contrats dans le très ancien droit français.*
Grégoire de Tours : *De vitis patrum.*
Kœnigswarter : *Histoire de l'organisation de la famille en France depuis les temps les plus reculés.*
Laboulaye : *Recherches sur la condition civile et politique des femmes.*
Lehr : *Éléments de droit civil germanique.*
Pardessus : *Loi salique.*
Tacite : *De moribus Germanorum.*
Viollet : *Précis de l'histoire du droit français.*

DROIT CANONIQUE ET ANCIEN DROIT CIVIL

Bardet : *Recueil d'arrêts du Parlement de Paris.*
De Combes : *Recueil tiré des procédures civiles faites en l'officialité de Paris et autres officialités du royaume.*
De Héricourt : *Lois ecclésiastiques de France dans leur ordre naturel.*
De Jouy : *Conférence sur les ordonnances.*
De la Combe : *Recueil de jurisprudence canonique.*
Ducasse : *La pratique de la juridiction ecclésiastique.*
Du Fresne : *Journal des principales audiences du Parlement avec les arrêts qui y ont été rendus.*
Durand de Maillane : *Institutes de droit canonique traduites en français.*
Durand de Maillane : *Répertoire de droit canonique et de pratique bénéficiale.*
Esmein : *Le mariage en droit canonique.*
Fevret : *Traité de l'abus.*

FOURNEL : *Traité de la séduction.*
GASPARRI : *Tractatus de matrimonio.*
HEFELE : *Histoire des conciles.*
POTHIER : *Du contrat de mariage.*
LE RIDANT et CAMUS : *Code matrimonial.*
SANCHEZ : *De matrimonio sacramento.*
Corpus juris canonici.
Recueil des actes, titres, mémoires, concernant les affaires du clergé de France.
Traité de la juridiction ecclésiastique contentieuse, par un docteur en Sorbonne.

DROIT ACTUEL

AUBRY et RAU : *Cours de droit civil français d'après la méthode de Zachariæ.*
CHARDON : *Du dol et de la fraude.*
COIN-DELISLE : *Donations et testaments.*
DEMOLOMBE : *Cours de Code Napoléon.*
DELVINCOURT : *Cours de Code civil.*
DURANTON : *Cours de droit civil français.*
FENET : *Recueil complet des travaux préparatoires ou motifs du Code civil.*
GIRAUD (Léon) : *Des promesses de mariage.*
GLASSON : *Du consentement des époux au mariage.*
HUC : *Commentaire théorique et pratique du Code civil.*
LAROMBIÈRE : *Théorie et pratique des obligations.*
LAURENT : *Principes de droit civil français.*
MERLIN : *Répertoire universel et raisonné de jurisprudence.*
TOULLIER : *Droit civil français suivant l'ordre du Code.*
VIDAL : *Etude sur les moyens organisés par la loi et la jurisprudence pour protéger les fiancés contre leurs fraudes réciproques.*
Codes civils étrangers.
Gazette du Palais.
Gazette des tribunaux.
Recueils de jurisprudence : Dalloz, Pandectes françaises, Sirey.

INTRODUCTION

Le mariage a toujours été considéré comme un acte si important dans la vie humaine que tous les peuples, estimant qu'il ne devait pas être conclu avec légèreté, ont généralement jugé nécessaire de le faire précéder de certaines conventions destinées à le préparer, à le faciliter, à favoriser la connaissance des futurs époux entre eux. Ce sont ces conventions, préliminaires du mariage lui-même, et où l'union future est décidée entre les parents des parties ou entre les parties elles-mêmes, que l'on a désignées, que l'on désigne encore aujourd'hui sous le nom de *fiançailles*.

Envisagées à ce point de vue général, les fiançailles remontent à la plus haute antiquité, où elles étaient entourées de cérémonies particulières destinées à leur donner plus d'éclat, plus de solennité.

On lit dans la *Genèse* (1) que Laban et Bathuel ayant consenti au mariage de Rébecca, le serviteur d'Abra-

(1) C. XXIV, v. 50.

ham se prosterna et adora le Seigneur, fit présent à Rébecca de riches vases d'or et d'argent et de riches vêtements; qu'il fit aussi des présents à sa mère et à ses frères, et qu'un festin fut préparé à cette occasion. Le mariage n'eut lieu que plus tard chez Abraham. Le livre de *Tobie* nous rapporte également les fiançailles de la fille de Raguel avec Tobie.

Les fiançailles étaient usitées en Grèce, elles s'appelaient ἐγγύησις. C'est pendant cette solennité, qui devait précéder tout mariage légitime, qu'on délibérait d'habitude sur la dot (προίξ, φερνή) destinée à la jeune fille. Au temps d'Homère, le fiancé faisait de somptueux présents à la future épouse : Iphidamas par exemple fit amener cent taureaux et mille chèvres et brebis comme cadeaux de fiançailles. Mais plus tard ce fut le père qui donna à sa fille une dot consistant en argent comptant, en effets de toilette, en parures et en esclaves ; en cas de divorce tout cela retournait généralement aux parents (1). Les fiançailles étaient d'ailleurs accompagnées de certains sacrifices qu'on faisait en l'honneur des dieux protecteurs de l'hyménée (θεοὶ γαμήλιοι), notamment de Zeus Téléios, d'Héra Téléia et d'Artémis Eukléia. Le bain nuptial (λοῦτρον νυμφίκον) était la seconde cérémonie à laquelle le fiancé et la fiancée devaient se soumettre

(1) *La vie antique.* I part., *La Grèce*, traduction O. Riemann, chap. XIII.

avant l'union définitive (1). Comme gage de l'union future, le fiancé remettait à sa fiancé un anneau (2).

Les Romains connurent aussi les fiançailles : *Moris fuit veteribus stipulari et spondere uxores futuras* (3). Les Latins les contractaient dans la forme de la stipulation, de la *sponsio*, d'où l'origine des mots *sponsalia*, *sponsus*, *sponsa*. Celui qui voulait se marier stipulait du père de la jeune fille qu'il avait choisie que celui-ci la donnerait en mariage ; si le père promettait de son côté, il naissait de la stipulation une action *ex sponsu* en vertu de laquelle la partie qui refusait sans motifs valables d'exécuter la promesse faite pouvait être condamnée au *quanti intererat*. Les fiançailles étaient donc civilement obligatoires. Ce caractère est attesté par Aulu-Gelle : « Lorsque celui qui avait promis la foi de mariage refusait de l'accomplir, il était traduit en justice pour déduire les causes de son refus, et si elles n'étaient pas estimées raisonnables le juge le condamnait à des dommages-intérêts : *Judex litem estimabat, quantique interfuerat, eam uxorem accipi, condemnabat* (4). » Elles conservèrent ce caractère dans le droit romain primitif, l'on prit même l'habitude de justifier l'engagement pris lors de l'échange des promesses par l'adjonction d'une

(1) *La vie antique, loc. cit.*
(2) Cujas, t. V, col. 559.
(3) L. 2, Dig. *De sponsalibus,* XXIII, I.
(4) *Nuits attiques*, liv. IV, § 4.

stipulatio pœnæ pour obtenir une condamnation pécuniaire en cas d'inexécution.

Dans le droit romain classique, les fiançailles ne furent plus soumises à aucune forme solonnelle. Ulpien nous apprend qu'elles se formaient alors par le simple échange des consentements : *Sufficit nudus consensus ad constituenda sponsalia* (1). Mais le lien qu'elles créaient était d'une extrême fragilité : à une époque où ce qu'on appelait liberté absolue du mariage n'était autre chose que la liberté effrénée du divorce, on ne pouvait donner aux fiançailles une force obligatoire plus grande qu'au mariage : à quoi aurait servi de contraindre au mariage deux fiancés qui, une fois le mariage contracté, auraient pu immédiatement se séparer ? Aussi les *sponsalia* ne produisaient-elles qu'un lien purement moral ; elles pouvaient être rompues de part et d'autre, sans aucun motif et aussi librement que le mariage lui-même, sauf une différence dans la formule de la répudiation (2). Comme conséquence, la *stipulatio pœnæ* devint inopérante, car toute stipulation de peine était contraire au principe même de la liberté des mariages.

Les Romains, comme les Grecs, entouraient les fian-

(1) L. 4, Dig. *De sponsalibus*, XXIII, I.

(2) La formule usitée en matière de divorce était la suivante : *Tuas res tibi habeto* ; tandis que le fiancé, qui voulait répudier sa fiancée, disait : *Tua conditione non utor*. Voyez L. 2, Dig. *De divort. et repud.*, XXIV, 2.

çailles de cérémonies particulières ; elles étaient célébrées en présence de témoins (*sponsores*) et au milieu de la foule des parents et des amis venus apporter aux fiancés leurs congratulations et leurs présents. Des fêtes avaient lieu en cette occasion, Suétone rapporte que, lors de ses fiançailles, Auguste ne cessa de parcourir à pied les rues de Rome qu'après avoir été un jour *in turba sponsaliorum vexatus* (1). Les fiancés échangeaient un anneau à l'origine, puis plus tard des arrhes, comme signe de la convention qui était intervenue entre eux.

Dans le domaine du droit, les fiançailles romaines produisaient des effets légaux assez importants. Elles créaient entre la fiancée et les proches du fiancé les mêmes empêchements de mariage qu'aurait produits le mariage lui-même (2), et celui qui contractait de nouvelles *sponsalia* sans avoir rompu régulièrement les anciennes encourait l'infamie ; elles soumettaient les fiancés au devoir de fidélité (3) ; enfin elles mettaient la fiancée dans la nécessité de respecter pendant deux ans le lien qu'elles créaient, passé ce délai elles cessaient d'exister, le fiancé ne pouvait plus profiter des avantages connus sous le nom de *præmia maritorum* et éviter ainsi les incapacités créées par les lois caducaires.

(1) *Octave Auguste*, éd. Panckouke, t. I, p. 232.
(2) L. 12, p. 1 et 2, Dig. *De ritu nupt.*, XXIII, 2.
(3) L. 13, p. 3, Dig. *Ad legem Juliam de adulteriis*, XLVIII, 5.

Du droit romain où elles étaient reconnues par la loi comme nous venons de le voir, où elles formaient une institution légale, les fiançailles sont passées dans notre droit français. Elles y ont eu des vicissitudes diverses. Les suivre dans l'histoire de notre droit, en rechercher la nature, en analyser leurs effets suivant les temps et suivant les époques, tel est le but que nous nous proposons ici.

Nous les étudierons d'abord à l'époque germanique; puis au moyen âge en droit canonique, au moment où elles ont eu une législation bien établie et où elles se distinguaient nettement du mariage. Nous rechercherons ensuite quelle conception en avait notre ancien droit aux approches de la Révolution; enfin, nous examinerons ce qu'elles sont devenues dans notre droit actuel, comment elles ont disparu du code tout en subsistant dans les mœurs sous le nom de promesses de mariage.

PREMIÈRE PARTIE

Les fiançailles en droit germanique

CHAPITRE PREMIER

Les fiançailles existaient-elles chez les Germains ?

Il serait difficile d'indiquer d'une façon certaine quelles étaient les cérémonies qui accompagnaient ou précédaient le mariage chez les Germains avant leur entrée dans les Gaules, de préciser particulièrement si l'union future était préparée par des échanges de promesses, ou tout au moins par quelque réunion de famille où les parents agitaient les intérêts de leurs enfants et jetaient les bases d'un mariage possible.

Les documents sur les mœurs et les usages de ce peuple au temps où il habitait encore les forêts de la Germanie sont en effet fort rares, ceux que nous pouvons consulter d'une façon sérieuse se réduisent pour ainsi dire au traité *De moribus Germanorum* de Tacite. Nous y voyons, et c'est là une chose caractéristique parmi les peuples primitifs, quelle haute idée le peuple germain avait déjà du mariage, quel respect entourait la femme mariée, quel caractère sacré on reconnaissait à l'union conjugale. Nous y trouvons aussi quels présents le mari offrait à son épouse : « ces présents qui n'étaient pas des objets de toilette si chers aux femmes, ni des parures de nouvelles mariées, mais des bœufs, un cheval avec son frein et un bouclier avec la framée, étaient approuvés par les parents et les proches, et la femme était admise dans la maison du mari » (1). Mais nulle part nous ne voyons trace des fiançailles, nulle part il n'est question de fiancés, et l'expression latine *uxor*, employée constamment par Tacite, semble bien toujours s'appliquer à l'épouse, à la femme mariée.

On serait donc tenté de déclarer avec M. Kœnigswarter (2) que les fiançailles étaient inconnues des Germains primitifs.

Cette déduction, incontestable dans les temps reculés où le mariage se pratiquait par enlèvement, nous paraît moins certaine à une époque plus rapprochée des invasions, à une époque où le mariage se pratiquait par achat. Chez les Germains entrés en Gaule le mariage, en effet, consistait dans une vente suivie de la tradition de la femme ; celui qui prétendait à la main d'une jeune fille achetait à son représentant légal le pouvoir, le *mundium*, que celui-ci avait sur elle, et ce dernier s'engageait à livrer la jeune fille : le mariage avait lieu plus tard. Cette demande en mariage, suivie de la promesse du chef de famille constituait, nous le verrons, les

(1) Tacite, *De moribus Germanorum*, § XVIII.

(2) *Histoire de l'organisation de la famille en France depuis les temps les plus reculés.*

fiançailles germaines. Si les choses se passaient ainsi en Gaule, nous croyons qu'elles devaient se passer de la même façon dans les derniers temps qui précédèrent l'invasion, alors que la famille germaine était déjà constituée comme elle sera constituée en Gaule, et que le mariage se pratiquait par achat, comme il se pratiquera quand les Germains auront occupé notre territoire. D'ailleurs, nous trouvons dans la loi salique quelques dispositions relatives aux fiançailles, et si l'on admet que cette loi a été rédigée au delà du Rhin entre le temps où écrivait Tacite et l'époque de la fondation de l'empire germanique sur le sol romain, on est en droit de conclure que les anciens Germains connaissaient les fiançailles comme préliminaires du mariage.

Après l'invasion des Germains en Gaule les monuments de la législation sont moins rares et les lois barbares fournissent de précieux renseignements sur la question qui nous intéresse. De la lecture des textes il ressort avec évidence que les Germains distinguaient alors les promesses de mariage du mariage, les fiançailles des épousailles. Nous y voyons à chaque instant les expressions *sponsa* et *uxor* mises en opposition, expressions qui ne peuvent s'appliquer au même état de la personne et qui désignent l'une la fiancée, celle qui a été promise en mariage, *sponsa*, l'autre l'épouse, celle qui a vu la promesse faite se réaliser, celle qui est mariée, *uxor*. Quelques textes suffiront pour montrer que cette distinction n'est pas une question de mots. Les lois de Rotharis (1) contiennent une disposition pénale

(1) P. Canciani, *Barbarorum leges antiquæ*, *Rotharis leges*, CLXXVIII. — Toutes les citations que nous ferons désormais des lois barbares seront empruntées à ce recueil.

nale qui fixe l'indemnité due par un fiancé qui a laissé écouler deux ans sans épouser sa fiancé : *Si quis sponsaverit puellam aut mulierem et post sponsalia facta et fabulam firmatam per duos annos sponsus neglexerit eam tollere et dilataverit nuptias exequi.* Ce texte montre bien qu'il existait une différence entre les *sponsalia* et les *nuptiæ*; cette différence ressort aussi nettement de cette formule d'une donation faite à un efiancée avant le mariage (1) : *Dum et ego te per solidum et denarium secundum legem salicam visus fui sponsare ideo in ipsa amoris dulcedine dabo ergo tibi...* (suit l'énumération des choses données) *ut quando die felicissimo nuptiarum insimul nos Deus conjunxerit.* De même Marculfe nous parle, dans deux formules successives, de donations faites à une fiancée *ante diem nuptiarum* (2).

Il est donc bien certain que les Germains établis sur le sol gaulois distinguaient nettement les fiançailles du mariage ; voyons comment nous devons concevoir ces fiançailles, comment elles se formaient, quels étaient leurs effets, puis nous dirons quelques mots de leur dissolution.

(1) *Formulæ Bignonianiæ*, V.

(2) Maculfe, liv. II, form. 15 et 16; Baluze, t. II, col. 414.

CHAPITRE II

Formation, nature des fiançailles.

La famille germaine se présentait sous un aspect qui rappelait singulièrement la famille romaine. Tous les membres qui la composaient étaient groupés sous l'autorité d'un chef, du père de famille, qui avait sur eux une puissance à laquelle les lois barbares donnaient le nom de *mundium*. Cette puissance était analogue, à l'origine, à la *patria potestas* romaine, mais elle ne tarda pas à se modifier ; au lieu d'une autorité despotique absorbant, comme à Rome, toutes les individualités particulières, réunissant dans une même main les droits les plus étendus et les plus rigoureux, ce fut une autorité tutélaire, établie dans l'intérêt même de ceux qui y étaient soumis, pour protéger les faibles et soutenir les intérêts de ceux que l'âge, le sexe ou la condition sociale rendaient incapables de se protéger.

Les garçons restaient soumis au *mundium* du chef de famille jusqu'à leur majorité, c'est-à-dire jusqu'à douze ans chez les Francs-Saliens, jusqu'à quatorze ou quinze ans chez les Wisigoths, les Burgondes, les Ripuaires. Quant à la femme, elle était en tutelle perpétuelle (1);

(1) *Rotharis leges*, CCIV : *Nulli mulieri liceat in sua potestate vi-*

jeune fille, elle était sous la tutelle de son père, de son frère ou de ses proches; mariée, elle était sous la tutelle de son époux. C'est à ce tuteur, à ce représentant légal que les textes donnent le nom de *mundoald*. Le *mundium* de la femme passait donc à ce moment donné des mains du chef de famille, aux mains du mari; cette cession se faisait au moyen du contrat des fiançailles.

Lorsqu'un Germain cherchait à se marier, des pourparlers s'engageaient entre lui et le représentant légal de celle qu'il avait choisie pour être son épouse; il demandait à ce dernier de lui céder son *mundium* sur la jeune fille; on en discutait le prix, puis l'accord fait, on convenait du jour où ce prix serait payé, où, en échange de ce prix, le futur époux acquerrait du chef de famille le droit de garde et de protection dont ce dernier serait dépouillé, en même temps que naîtrait pour lui l'obligation de donner sa fille en mariage. C'est cet achat du *mundium* qui constituait le contrat de fiançailles; le mariage n'était complet que plus tard; il se formait par la remise de la fiancée *in mallo, in placito* suivant la coutume (1), ou par la cohabitation effective, car, à ce moment, la célébration du mariage n'était soumise à aucune forme solennelle (2). Les fiançailles germaines n'étaient donc pas la promesse faite par deux personnes de sexe différent de se prendre plus tard pour mari et pour femme comme cela

vere, sed semper sub potestate virorum debeat permanere. — CCV : *Nulli mulieri liberæ sub Regni nostri ditione, lege Langobardorum viventi, liceat in suæ potestatis arbitrio, id est sine mundio vivere, sed semper sub potestate viri, aut potestate curtis Regiæ debeat permanere.*

(1) *Rotharis leges*, CLXXIV.

(2) E. Lehr, *Éléments de droit civil germanique*, liv. IV, ch. I.

sera plus tard, en droit canonique, c'était une convention à laquelle la femme germaine était complètement étrangère, à laquelle n'intervenait que celui qui avait sur elle le droit de garde, le *mundium*.

La nature de ce contrat était la même que celle de tous les contrats à l'époque barbare. Les peuples primitifs, c'est un point acquis de nos jours et admirablement démontré par les auteurs, notamment par M. Shom, ne connaissaient que deux espèces de contrats, le contrat réel et le contrat formel ou formaliste; chez eux « l'accord des volontés ne produit un effet juridique qu'autant qu'il s'y joint une forme déterminée ou une prestation, *res* » (1). Cela n'a rien d'étonnant si l'on considère combien il est difficile, pour ces peuples dont la culture intellectuelle est encore peu développée, de reconnaître le consentement qui se manifeste sans formes précises, d'apprécier s'il flotte encore ou s'il est nettement déterminé, de saisir en un mot le moment où il existe avec certitude. Le contrat de fiançailles n'a point échappé à la règle commune, il rentrait dans la classe des contrats réels. La prestation, la *res* nécessaire à sa formation, c'était le paiement du prix; jusqu'à ce moment aucune obligation n'avait pu prendre naissance, tout ce qui s'était fait était sans valeur légale; mais, une fois le prix payé, la condition nécessaire pour valider la convention existait, le contrat était valablement formé.

Ce prix d'achat portait différents noms, chez les Burgondes, il s'appelait *pretium nuptiale* et *wittemon*; *meta*, chez les Lombards; *pretium emptionis*, chez les Saxons; *reipus*, chez les Francs-Saliens. Il était sans doute libre-

(1) Paul Viollet, *Précis de l'histoire du droit français*, p. 505.

ment débattu à l'origine, quand il représentait la valeur vénale de la femme; mais il ne tarda pas à se fixer : la loi des Saxons parlait de trois cents sous qui devaient être payés aux parents de la jeune fille (1), et, selon toute probabilité, c'était la même somme qui devait être payée chez les Wisigoths (2).

Avec le temps l'idée que les Germains se faisaient du mariage devint plus noble, ils y virent peu à peu autre chose que la vulgaire *emptio mulieris*, et en même temps le *nuptiale pretium* tendit à n'être plus un *pretium emptionis*. On le détourna de sa destination primitive, on le remit partie au *mundoald*, partie à la femme, puis bientôt on le remit tout entier à la femme. Mais comme il était toujours nécessaire de préciser l'accord des volontés du futur époux et du chef de famille, celui-ci reçut une somme d'argent fort peu élevée qui n'eut qu'une signification symbolique destinée qu'elle était à marquer la formation du contrat. Cette somme variait avec les différents peuples germains : elle était d'autant plus insignifiante qu'ils étaient plus rapprochés de la civilisation romaine où l'achat de la femme avait déjà disparu. Les Wisigoths, dont la loi subit le plus l'influence des idées romaines, donnent à cette somme le nom d'arrhes, *arrhæ* (3); les Francs nous font connaître les fiançailles *per solidum et denarium* (4). La remise d'une somme aussi minime mon-

(1) *Lex Saxonum*, tit. VI, 1 : *Uxorem ducturus CCC solidos det parentibus ejus.*

(2) Davoud-Oghlou, *Histoire de la législation des anciens Germains*, t. II, p. 64, note 1.

(3) *Lex Wisigothorum*, liv. III, tit. IV, 2 et 12.

(4) L'histoire nous rapporte que les ambassadeurs de Clovis allant demander la main de Clotilde à son oncle Gondebaud, offrirent à ce-

tre qu'une modification s'était produite dans la nature du contrat de fiançailles. Il avait perdu son caractère primitif, de réel qu'il était il était devenu formaliste, suivant ainsi l'évolution commune aux autres contrats. A mesure que la culture intellectuelle se développa, les peuples barbares comprirent que l'accord des volontés, le consentement des parties sont les seules choses qui donnent naissance à l'obligation ; ils n'exigèrent plus la prestation de la *res* elle-même, mais ils voulurent que le consentement se manifestât sous des formes déterminées qui ne permissent pas d'en douter. C'est pourquoi dans les fiançailles l'*arrha* ne représenta plus le prix du *mundium*, ce ne fut plus que le symbole de l'achat qui se passait autrefois, mais qui marqua sous une forme sensible le moment où le *mundoald* cédait son droit de garde et contractait l'obligation de marier sa fille.

Quoi qu'il en soit, les fiançailles se passaient toujours en dehors de la jeune fille, on ne s'occupait pas plus de son consentement que si elle n'existait pas, on n'en tenait aucun compte (1). Cependant l'on comprend facilement qu'à partir de ce jour où la *meta* lui fut remise en entier, l'individualité de la femme augmenta, tandis que d'autre part, la question d'argent devenant indifférente pour le chef de famille, celui-ci se laissa beaucoup plus facilement guider par les désirs de sa fille, et, conséquence fatale, l'importance de son consentement diminua, de

lui-ci, suivant la coutume franque, un sou et un denier : *Legati offerentes solidum et denarium, ut mos erat Francorum, eam partibus Clhodovei sponsant* (Dom Martin Bouquet, *Rerum gallicarem et francicarum scriptores*, t. II, p. 399). — *Formulæ Lindenbrogii*, LXXV; *Formulæ Bignonianiæ*, V.

(1) Viollet, *op cit.*, p. 342.

sorte que si en fait la femme n'était pas partie au contrat de fiançailles, c'était elle qui, en réalité, parlait par la bouche de celui qui avait sur elle le *mundium*. Un synode irlandais disait déjà au ve siècle : « La femme doit obéir à son père, mais le père doit prêter l'oreille aux désirs de sa fille (1). » C'était là une tendance à faire intervenir aux fiançailles la véritable intéressée, tendance qui se manifesta plus ouvertement au VIIIe siècle et qui se réalisa complètement quelques siècles plus tard, quand on proclama la validité du mariage contracté sans le consentement des parents.

De tout ce qui précède, il résulte que l'on peut définir les fiançailles, en droit germanique, un contrat réel au formaliste passé entre un jeune homme et le *mundoald* d'une jeune fille, en vertu duquel ce dernier, en échange d'une certaine somme, cédait son *mundium* sur la jeune fille et promettait de la donner en mariage au jeune homme qui, de son côté, s'engageait à l'épouser.

Les fiançailles chez les Germains, étaient entourées d'un éclat particulier; elles se faisaient avec pompe, en présence des familles des deux futurs époux (2). Tacite nous dit que les parents et les proches intervenaient pour approuver les présents de noces (3); de même la loi salique, en fixant la composition pécuniaire due par un fiancé qui se dérobait, laisse bien entendre que les

(1) Sans doute pour cette raison indiquée dans la loi des Lombards : *Quia non est credibile, ut pater filiam suam, aut frater sororem suam doloso animo, aut contra rationem cuiquam homini dare debeat* (*Luitprandi leges*, liv. II, chap. VI).

(2) E. Lehr, *loc. cit.*; Pardessus, *Loi salique. Dissertation* XIII.

(3) Tacite, *op. cit.*, XVIII : *Intersunt parentes ac propinqui et munera probant.*

fiançailles avaient eu lieu au milieu des deux familles réunies (1) ; une formule de constitution de dot tirée de celles de Lindenbrog n'est pas moins probante en ce sens (2).

Les fiançailles étaient d'ailleurs pour les futurs époux l'occasion d'échange de cadeaux réciproques. Généralement le fiancé offrait à sa fiancée un anneau suivant l'usage des Romains (3), et, en retour, il lui prenait un baiser ; tantôt il lui donnait des chaussures (4); mais souvent c'étaient des objets plus sérieux désignés sous

(1) *Lex salica*, LXX : *Si quis filiam alienam ad conjugium quæsierit præsentibus suis et puellæ parentibus, et postea se retraxerit...*

(2) *Formulæ Lindenbrogii*, LXXV : *Igitur dum taliter parentibus nostris utriusque partis complacuit atque convenit, ut ego te solido et denario secundum legem salicam sponsare deberem, quod ita et feci.*

(3) A partir du moment où le contrat de fiançailles devint formaliste, la donation de cet anneau suffit même à former le contrat : *Homo sponsat cum solo annulo, eam subharrat et suam facit* (*Luitprandi leges*, lib. V. cap. xxx).

(4) Grégoire de Tours, *De vitis patrum*, cap. xx : *Denique dato sponsæ annulo, porrigit osculum, præbet calceamentum.* Ce don de la chaussure joint à l'anneau et au baiser indiquait d'une façon significative la prise de possession de la fiancée, la naissance, au profit du futur époux, d'un droit sur sa personne, droit que nous examinerons en parlant des effets des fiançailles. — La remise de la chaussure était un usage ancien, le Lacédémonien donnait également un soulier à sa fiancée (Lycurgue, XIII). — Chez les anciens, la chaussure jouait un rôle important dans la cérémonie des fiançailles ; au moyen âge, nous en trouvons encore des traces dans les usages du Berry : au moment de partir pour l'église, la fiancée du Berry se trouvait déchaussée et incapable de sortir, ses parents tour à tour essayaient de lui mettre ses souliers, le fiancé seul pouvait y parvenir. Conf. Fergus, *Étude sur les origines de la famille* (*Nouvelle Revue*, 15 novembre 1886).

l'expression générale de *dos* et dont l'ensemble forma plus tard le douaire.

Nous avons vu que, par suite du développement intellectuel des peuples barbares et grâce aussi, il faut le dire, à l'influence du christianisme qui tendit toujours à relever le niveau social de la femme, le prix d'achat payé à l'origine aux parents de la mariée fut remis plus tard en partie à la femme, puis bientôt en totalité. L'achat du *mundium* ne fut plus qu'un achat fictif, une formalité destinée à prouver l'échange des consentements. Le *nuptiale pretium* se réunit alors aux autres donations que le futur mari faisait à sa fiancée, et son caractère primitif disparut complètement pour faire place à la *dos* qui, contrairement à l'idée qu'on s'en fait de nos jours, comprenait les biens apportés par la femme au mari, dont celui-ci gardait l'administration pendant le mariage et qui après sa mort revenaient à sa veuve pour la jouissance et aux enfants nés du mariage pour la nue-propriété; c'était donc une mesure de prévoyance en faveur de la femme. L'usage de la constitution de dot s'introduisit peu à peu, et elle devint sous l'influence de l'Église une condition du mariage. L'Église, en effet, pour que l'on pût distinguer le mariage légitime des unions libres, transporta dans le droit barbare la règle de droit du Bas-Empire qui exigeait, pour la validité du mariage des personnes d'un certain rang, la constitution d'une dot et la rédaction d'un *instrumentum dotale*. Aussi voyons-nous, en l'année 524, le concile d'Arles émettre la fameuse maxime : *Nullum sine dote fiat conjugium*.

La dot devait être constituée au moment des fiançailles; elle pouvait être plus ou moins élevée, quelques lois germaniques en déterminaient même le montant à défaut de convention des parties : la loi des Ripuaires la fixait à cinquante sous ; celle des Alamans à quarante sous d'or (1) ; celle des Lombards à quatre cents sous pour les personnes du rang de juges, et à deux cents sous pour les nobles (2) ; celles des Burgondes et des Bavarois ne fixaient point de chiffres, mais il résulte des textes que la coutume en avait établi la valeur selon le rang et la condition des parties, suivant la distinction admise par les Lombards (3). L'habitude de faire de grandes *dotes* s'étant tellement répandue chez quelques peuples, il fut nécessaire d'édicter des lois particulières pour empêcher les futurs époux de se ruiner : c'est ainsi que, chez les Wisigoths, il fut défendu de donner plus d'un dixième de la fortune totale (4), chez les Anglo-Saxons plus d'un tiers (5). La constitution de dot avait lieu avant le mariage, conformément au principe de l'ancien *pretium* qui précédait la tradition de la fiancée au fiancé ; elle se faisait soit par une tradition symbolique, soit par la rédaction d'un écrit, *libellus dotis* ; c'est ce dernier mode qui était le plus usité. « Le douaire se constituait soit dans la forme germaine, par une tradition solennelle emportant transfert de propriété, *per festucam, per andelagum,* usage qui subsista plus longtemps qu'on ne suppose communément, soit dans la forme romaine de la donation *ante nuptias* (donation qui en effet se rapprochait du douaire), par un acte ordinairement inséré dans

(1) *Lex Alamannorum*, tit. LV, II.
(2) *Luitprandi leges*, liv. VI, chap. XXXV.
(3) Kœnigswaster, *op. cit.*, chap. IV.
(4) *Lex Wisigothorum*, tit. I, V.
(5) Davoud-Oghlou, *op. cit.*, t. II, p. 357, note 2.

les registres publics et suivi d'une mise en possession (1). »

Les textes nous ont conservé des formules de constitution de dot qui sont particulièrement intéressantes en ce sens qu'elles nous montrent nettement la formation des fiançailles telle que nous avons essayé de l'analyser, tout en faisant ressortir le mode de constitution de la dot. Telle est la formule suivante, la soixante-quinzième de Lindenbrog : *Dulcissima atque amantissima sponsa mea nomine illa ego in Dei nomine ille. Igitur dum taliter parentibus nostris utriusque partis complacuit atque convenit ut ego te solido et denario secundum legem salicam sponsare deberem, quod ita et feci.* Il s'agit ici des fiançailles *per solidum et denarium* spécialement en usage chez les Francs-Saliens ; les familles des deux parties sont assemblées, les promesses sont échangées. *Similiter complacuit nobis atque convenit ut de rebus proprietatis meæ tibi aliquid in dotis titulum condonare deberem quod ita et feci*; il est maintenant question de la dot dont le prix a été débattu, l'on est tombé d'accord et le futur époux va faire tradition à sa fiancée. *Idcirco per hanc chartulam libelli dotis, sive per festucam atque per andelangum, dono tibi et donatum in perpetuo esse volo, id est...* (suit l'énumération des choses données, champs, vignes, etc.) *in ea vero ratione ut hæc omnia superius nominata, quandoquidem dies nuptiarum evenerit, et nos Deus conjunxerit, tu dulcissima sponsa mea nomine illa ab ipso die hoc habeas, teneas, atque*

(1) Laboulaye, *Recherches sur la condition civile et politique des femmes*, p. 120.

possideas, vel quidquid exinde facere volueris, liberam ac firmissimam in omnibus habeas potestatem (1).

(1) Conf. *Formulæ Bignonianiæ*, V : *Dum Dominus ab initio concessit in Veteri Testamento et præcepit ut relinquat homo patrem et matrem, et adhæreat suæ uxori, ut sint duo in carne una, et quod Deus conjunxit homo non separet. Ego enim in Dei nomine ille, dulcissimæ conjugi meæ illi. Dum et ego te per solidum et denarium secundum legem salicam visus fui sponsare, ideo in ipsa amoris dulcedine dabo ergo tibi a die præsente .... ut quando die felicissimo nuptiarum insimul nos Deus conjunxerit, ita omnia superius conscripta in tua permaneant dominatione ad possidendum.* Cette formule montre encore bien la formation des fiançailles suivant la loi salique.

Pour la forme de la constitution de dot, conf. également : *Lex Ripuarium*, tit. XXXVII, I, II.

CHAPITRE III

Effets des fiançailles.

Les fiançailles germaines consistaient, nous l'avons vu, dans l'achat réel ou fictif du *mundium*. Cet achat était indispensable pour que le mariage pût se faire, car le droit de garde appartenait au chef de famille et il ne pouvait en être dépossédé contre son gré. Le mariage contracté sans son consentement était un mariage informe; le mari n'étant pas en possession du *mundium* de son épouse, le *mundoald* pouvait faire dissoudre ce mariage et celui qui avait épousé la jeune fille se trouvait même dans la nécessité de payer à son représentant légal une composition pécuniaire (1), la base de l'union manquait et tout s'effondrait à la première réclamation. De cette nécessité de l'achat du *mundium* il en résulte que les fiançailles étaient un préliminaire indispensable du mariage germain et que leur premier effet était de rendre le mariage possible dans la suite.

(1) *Lex Alamannorum*, tit. LIV, I et II : *Si quis filiam alterius non desponsatam acceperit sibi uxorem, si pater ejus eam requirit, reddat eam, et cum quadraginta solidis eam componat. Si autem ipsa femina sub illo viro mortua fuerit antequam ille mundium apud patrem adquirat solvat eam patri ejus quadringentis solidis.*

Si les fiançailles rendaient le mariage possible, le rendaient-elles obligatoire, en d'autres termes les fiancés étaient-ils engagés au point de ne pouvoir reprendre leur parole et jeter les yeux sur un conjoint plus à leur choix?

Un point certain sur lequel les lois barbares sont d'accord, c'est que pendant les deux ans qui suivaient l'époque des *sponsalia* il était interdit au père, au frère, ou à tout autre *mundoald* de la femme, de la fiancer à un autre (1), tandis que pendant cette même période le futur époux ne pouvait être contraint d'exécuter sa promesse (2) : c'était un délai qui était accordé en sa faveur. Mais la fiancée pendant ce délai, et le fiancé le délai expiré pouvaient-ils être contraints par quelque voie légale à consacrer l'union projetée?

Il faut répondre négativement. Le contrat de fiançailles en droit germanique n'avait point de sanction civile, une sanction pénale seule était attachée à son inexécution : la partie qui regrettait de s'être engagée pouvait se délier de son obligation, moyennant une composition pécuniaire, dont nous verrons le montant sous le chapitre suivant. On pourrait cependant croire, d'après la loi des Wisigoths, qu'il n'était pas permis aux fiancés de se dédire : nous y lisons « que dorénavant il ne sera plus permis de se croire autorisé à quitter sa fiancée malgré elle, quand même les fiançailles auraient été faites non par un acte écrit, mais par un simple anneau donné comme arrhes devant témoins : il faudra alors accomplir le mariage en y joignant d'autre partie; c'est-à-dire la

(1) *Rotharis leges*, CXCII.

(2) *Lex Wisigothorum*, liv. III, tit. I, IV; *Rotharis leges*, CLXXVIII.

dos » (1). La même loi, après avoir dit « que du jour des fiançailles à celui des noces il ne se passera qu'un délai de deux ans », ajoute : « Si un des fiancés manque à son engagement, il paiera l'amende stipulée dans l'acte des fiançailles, et sera néanmoins obligé d'épouser (2). » Il semble résulter de ces deux textes qu'une fois les fiançailles contractées, le mariage devait suivre. Mais cette conclusion cesse de s'imposer si l'on rapproche de ces deux dispositions de la loi des Wisigoths une disposition de la même loi prévoyant le cas où une fille fiancée par son père a épousé un autre que son fiancé : « elle et son mari, dit la loi, deviendront la propriété du fiancé légitime et si les parents ont favorisé ce mariage illégitime, ils seront condamnés chacun à payer une livre d'or à qui le roi voudra (3) » ; or il est bien évident que si le contrat de fiançailles entraînait pour les parties l'obligation civile d'épouser, la loi pour sanctionner cette obligation devrait commencer par interdire tout mariage avec un autre que le fiancé légitime et déclarer nul le mariage contracté dans de semblables conditions. Il n'en est point ainsi : « elle et son mari avec leurs biens deviendront la propriété du fiancé légitime », déclare la loi des Wisigoths ; c'est donc bien prononcer la validité du mariage conclu après les fiançailles, c'est admettre que la fiancée pouvait se retirer librement des liens de son obligation. Ce qu'il faut conclure de la contradiction des textes ci-dessus et cette conclusion sera conforme aux dispositions de autres lois barbares sur la question (4), c'est que le contrat

(1) *Lex Wisigothorum*, lib. III, tit. I, III.
(2) *Lex Wisigothorum*, lib. III, tit. I, IV.
(3) *Lex Wisigothorum*, lib. III, tit. I, II.
(4) Conf. *Lex salica*, LXX ; *Lex Alamannorum*, LIII ; *Lex Baïuvorum*, tit. VII, cap. XVI.

de fiançailles ne créait point pour les fiancés une obligation civile de s'épouser, mais que tout simplement une peine, assez forte dans certains cas, était prononcée contre la partie qui manquait à sa parole. Cependant les lois barbares s'efforçaient de faire respecter l'engagement pris par les fiancés et les nombreuses dispositions qu'elles contiennent à ce sujet(1), nous révèlent que si l'obligation d'épouser n'était pas reconnue par elles, cette obligation était une obligation naturelle digne de respect et qu'on se serait fait scrupule de ne pas remplir.

L'effet capital des fiançailles était de produire un changement d'état dans la personne des fiancés; l'état nouveau était voisin du mariage, mais ce n'était pas encore le mariage, c'était un acheminement vers le mariage. Il présentait deux traits caractéristiques, d'abord le droit acquis par le fiancé sur la personne et sur les biens de la fiancée, et puis l'obligation ou devoir de fidélité à laquelle les fiancés étaient astreints.

Le droit acquis par le fiancé sur la fiancée était une conséquence de la cession du *mundium* faite par le père ou les parents de la jeune fille et qui donnait au futur mari les mêmes droits, ou à peu près, qu'avait le *mundoald*. C'était au fiancé qu'appartenait désormais le *wergheld* de la femme si on venait à la tuer, c'était lui qui devait la défendre désormais en justice, c'était lui enfin qui devait administrer les biens qu'on pouvait lui donner ou qu'elle pouvait recueillir. Ce droit acquis par le fiancé sur la fiancée s'affirmait surtout au cas d'enlèvement ou de rapt de séduction : si un mariage avait suivi l'enlève-

(1) Conf. *Lex Alamannorum*, LIV ; *Lex Baiuvorum*, tit. VIII, cap. XVI ; *Leges Langobardicæ*, *Rotharis leges*, CLXXIV-CLXXV.

ment, ce mariage était annulé, le ravisseur devait restituer la fiancée et payer au fiancé une composition pécuniaire qui aurait été payée au père si les fiançailles n'avaient pas eu lieu (1).

Les fiancés étaient en outre astreints au devoir de fidélité. Cette obligation était surtout rigoureuse pour la femme : un texte nous dit que si un fiancé avait accusé sa fiancée d'adultère, les parents de celle-ci devaient essayer de la disculper, et s'ils n'y parvenaient pas, elle subissait la peine des épouses coupables : *illa patiatur pœnam adulterii* (2).

Le changement d'état produit par les fiançailles dans la personne des fiancés existait non seulement entre eux, mais encore au regard des tiers auxquels il pouvait même nuire dans une mesure plus ou moins large. C'est pourquoi celui qui avait enlevé une fiancée contre son gré devait être déclaré coupable du crime d'adultère, *raptor vero adulterii criminis tenatur* (3). Il est vrai que celui qui avait eu commerce avec une fiancée, *ea consentiente*, n'était puni que d'une peine pécuniaire (4), mais le principe de cette amende ne fait que confirmer notre proposition, car en dehors de l'état produit par les fiançailles les textes ne nous parlent pas de peines infligées à celui qui avait eu des relations avec une jeune fille, quand ces relations avaient eu lieu du consentement de celle-ci.

Les mœurs germaines prêtaient à la fiancée une espèce d'auréole en considération du changement d'état

(1) *Lex Baïuvorum*, tit. VII, cap. XVI.
(2) *Rotharis leges*, CLXXIV.
(3) *Eod. loco.*
(4) *Lex salica*, XIV.

de la jeune fille appelée à passer de cette condition à celle d'épouse. De là le respect dont on l'entourait; et pour ne citer qu'un fait caractéristique, c'était de quinze à vingt ans que le *wergheld* de la femme était relativement le plus élevé; il était de deux cinquièmes supérieur à celui de l'homme. La raison en est que cette période de la vie de la femme, de quinze à vingt ans, était considérée comme l'époque ordinaire des fiançailles. Les fiancés d'ailleurs étaient l'objet d'égards particuliers : on avait pour eux une considération qu'on n'avait pas pour tout le monde, c'est ce qui explique une curieuse disposition de la loi des Lombards édictant des peines particulières contre ceux qui se permettaient des grossièretés envers les fiancés (1).

Si les fiançailles germaines n'étaient pas le mariage, elles en produisaient donc les effets les plus importants, elles précédaient nécessairement le mariage et contenaient l'échange des consentements dont l'effet était seul remis à plus tard; c'est donc à bon droit que les Germains les regardaient comme l'acte capital du mariage.

(1) *Leges Langobardicæ, Aistulphi leges*, VI : *Pervenit ad nos, quod dum quidam ad suscipiendam sponsam cujusdam sponsi cum paranymphis aut trotingis ambularent perversi homines aquam sordidam et stercoratam super ipsam jactarent. Sed quia cognovimus malum hoc per singula loca fieri, prævidimus, nec pro hanc causam scandala et homicidia fugant : ut si quiscumque liber homo liberæ mulieri talem rem facere præsumpserit, componat solidos DCCC, medium regi, et medium mundoaldo ejus.*

CHAPITRE IV

De la rupture des fiançailles.

Les fiançailles en droit germanique, sauf peut-être chez les Wisigoths, ne créaient point entre les parties un lien indissoluble, chacune d'elles pouvait le rompre à son gré avant la célébration du mariage (1), et disons-le en passant, c'est là un argument à opposer à ceux qui prétendent que les fiançailles et le mariage ne faisaient qu'une seule et même chose chez les Germains, car le mariage en principe était indissoluble, le divorce n'étant permis que pour certaines causes limitativement déterminées.

Toutefois l'un des fiancés ne pouvait se dédire impunément, son manque de foi pouvait porter atteinte à la réputation de l'autre et il était astreint à réparer par une composition pécuniaire le préjudice causé. Cette composition pécuniaire variait avec les différents peuples, la loi des Alamans obligeait le fiancé qui se retirait à payer quarante sous, celle des Bavarois vingt-quatre sous, celle des Francs-Saliens soixante-deux sous; chez les Longobards enfin c'était la *meta* stipulée lors des fiançailles qui devait être versée.

(1) *Lex salica*, LXX; *Lex Alamannorum*, LIII; *Lex Baïuvorum* tit. VII, cap. XVI.

Cette indemnité cependant n'était pas due si le fiancé avait de justes motifs de reprendre sa parole, aussi la loi des Alamans obligeait-elle celui qui répudiait sa fiancée à déclarer qu'il n'avait rien à lui reprocher et que c'était seulement son amour pour une autre femme qui avait dicté sa conduite (1).

Quant aux causes légitimes de rupture, les lois barbares nous en font connaître quelques-unes : ainsi les textes nous apprennent que le fiancé avait un juste motif de dédit quand sa fiancée s'était rendue coupable du crime d'adultère, à moins que ces parents ne parvinssent à prouver son innocence : *si parentes eam de ipso crimine mundare non potuerunt* (2); il en était de même quand elle devenait lépreuse, possédée du démon ou aveugle (3) : cette cause de rupture s'expliquait par l'influence du christianisme qui voyait alors dans ces maladies une punition des péchés capitaux de la femme. Les fiançailles étaient encore justement rompues par la mort de la fiancée (4), et par l'entrée d'un des fiancés dans un monastère (5). Dans tous ces cas la *meta* et d'une façon générale tout ce qui avait été donné par le fiancé en vue du mariage projeté devait être restitué. Une autre cause de

(1) *Lex Alamannorum*, tit. LIII : *Si quis filium alienum desponsatam dimiserit et aliam duxerit, componat eam quam desponsavit et dimisit cum quadringinta solidis et cum duodecim sacramentalibus juret cum quinque nominatis et septem advocatis, ut pro nullo vitio nec tentatam eam habuisset, nec vitium in illa invenisset, sed amor de alia cum adduxit ut illam dimisisset, et aliam habuisset uxorem.*

(2) *Rotharis leges*, CLXXIV.

(3) *Rotharis leges*, CLXXX.

(4) *Rotharis leges*, CCXVI.

(5) *Capitularium regum francorum additiones*, LXIX.

dissolution nous est indiquée par Luitprand : c'est lorsqu'il éclatait une grande inimitié contre les parents des deux côtés pour cause d'homicile ou de tout autre crime de ce genre; alors, nous dit le texte (1), les fiançailles pouvaient être rompues par l'une des deux parties, mais la première qui voulait rompre devait payer ce qui avait été convenu, c'est-à-dire le double de la *meta* fixée aux fiançailles.

Il est à remarquer que les textes qui fixent le taux de la composition pécuniaire à payer par suite de la rupture des fiançailles sans justes motifs ne parlent que du futur qui se rétracte : l'on serait tenté de conclure dès lors que le fiancé avait seul ce droit et qu'en cette matière comme en bien d'autres la situation de la femme germaine était inférieure à celle de l'homme, celui-ci pouvant, moyennant une certaine indemnité, abandonner sa fiancée pour jeter les yeux sur une autre femme, alors que la femme n'aurait pas eu la faculté de choisir un autre époux si celui auquel elle était promise ne lui plaisait pas (2).

M. Pardessus interprète ce silence dans un autre sens. Il estime que la fiancée avait le droit de se dédire, bien plus qu'elle pouvait même le faire impunément : « En ne

(1) *Luitprandi leges*, lib. VI, cap. LXVI.

(2) La disposition du chap. LXVI du tit. VI de la loi de Luitprand, qui prévoit le cas du *mundoald* qui a la *præsumptio* de donner en mariage à un autre la jeune fille qu'il a déjà fiancée à quelqu'un, n'est pas applicable ici, car cette disposition n'est qu'une disposition pénale édictée contre le *mundoald* et la fiancée, disposition pénale qui ne profite point au fiancé et qui ne peut par conséquent conduire à conclure que la fiancée pouvait se dédire en versant une certaine somme au fiancé à titre de dommages-intérêts.

prévoyant que le premier cas, dit ce savant auteur (1), la loi salique et les autres codes barbares ont fait preuve d'un sentiment de convenance digne d'être remarqué. Le refus qu'un homme, fiancé solennellement avec une fille, faisait ensuite de l'épouser, nuisait à la réputation de celle-ci s'il se rétractait (sans motifs légitimes, car certainement cette restriction est sous-entendue dans le titre LXX de la loi salique, et clairement exprimée dans celle des Alamans et des Bavarois) et il devait payer une indemnité. Des inconvénients beaucoup moins graves étaient attachés au refus de la fiancée. »

Il n'est point douteux d'ailleurs que si les parties, usant de la faculté qui leur était accordée, avaient lors des fiançailles stipulé une certaine somme à titre de dédit en cas de rupture, cette somme ne fût due aussi bien par la fiancée que par le fiancé qui refusait d'accomplir sa promesse.

(1) Pardessus, *Loi salique. Dissertation* XIII.

DEUXIÈME PARTIE

Les « sponsalia » en droit canonique.

Dès les premiers siècles l'Église s'était créé en Franc, une juridiction propre à côté de la juridiction civile surtout pour les questions concernant le mariage. Restée seule forte au milieu des bouleversements, survivant à l'anarchie, elle arriva à se substituer à la juridiction séculière et acquit vers le XIe siècle, par suite de l'affaiblissement du pouvoir royal, pleine compétence pour connaître des questions matrioniales. Elle fut dès lors conduite à établir une législation complète en matière de mariage, et c'est cette législation qui fut appliquée dans notre pays pendant tout le moyen âge et jusqu'au XVe siècle.

Pour suivre les fiançailles dans l'histoire de notre droit il est donc nécessaire de les étudier en droit canonique. Nous verrons quelle conception en avait le droit canonique avant le concile de Trente, pendant son développement et pendant son apogée; nous rechercherons ensuite quelles modifications le concile de Trente apporta à la théorie primitive ; enfin nous examinerons quelle était la procédure suivie pour résoudre les difficultés soulevées par l'inexécution des fiançailles et quel était le juge compétent pour en connaître.

SECTION PREMIÈRE

Les « sponsalia » avant le concile de Trente

CHAPITRE PREMIER

Conception historique ; formation des « sponsalia »

Les fiançailles en droit canonique s'appelaient *sponsalia*. De bonne heure l'Église en reconnut l'usage, puisqu'on en trouve des traces dans la *Genèse* et dans le livre de *Tobie*. Elle les adopta pour de sages motifs : les canonistes disaient que, tout en évitant des mariages trop précipités entre personnes inconnues, mariages dont les effets sont toujours déplorables, elles rendaient les parties mieux disposées à recevoir les grâces que le mariage confère, tout en les faisant bien réfléchir sur les obligations et l'indissolubilité de cet état. Saint Augustin en faisait ainsi ressortir l'importance : *Hanc esse consuetudinem, ut jam pactæ sponsæ non statim tradantur, ne vilem habeat maritus datam quam non suspiravit sponsus dilatam. Quod enim quis non diligit nec optat, facilè contemnit.* Malgré cela, l'usage des fiançailles n'était pas sans doute très suivi de son temps, car, à la même époque, saint Jérôme se plaignait de ce qu'on n'apportait pas lors des mariages toutes les précautions voulues pour faire un si bon choix qu'on n'eût point sujet à l'avenir de s'en repentir : *Nulla est mulieris electio, sed qualiscumque obvenerit, habenda; si viacunda, si fatua, si deformis, si superba, si fœtida, quodcumque vitii est post nuptias dicimus; equus, bos, asinus, canis et vilissima mancipia, vestis quoque et lebetes, sedile ligneum, calix et urceolus, fideles probantur prius, et sic emuntur, sola uxor non ostenditur, ne ante displiceat, quam ducatur* (1).

Mais à mesure que le droit canonique se développa, les fiançailles devinrent d'un usage plus journalier dans les habitudes des chrétiens; les conciles anciens et les Décrétales s'en occupèrent, des dispositions furent édictées pour les réglementer et les sanctionner.

Cette importance prise par les fiançailles dans la législation canonique s'explique par plusieurs raisons merveilleusement mises en lumière par M. Esmein (2).

Il en est d'abord une qui tenait au milieu où le droit canonique commença à prendre naissance ; ce fut dans un milieu où l'individu n'était pas encore complètement émancipé, à une époque où le mariage était une union entre deux familles plus encore qu'une union entre deux personnes et servait souvent, dans une certaine classe, à ramener entre les membres de familles différentes une paix que les haines avaient depuis longtemps troublée (3). Alors il importait que cette union fut mûrement délibérée à l'avance, qu'elle fût même arrêtée

(1) Liv. I, *Contra Jovinianum.*

(2) Esmein, *Le mariage en droit canonique*, t. I, p. 102 et suiv.

(3) Conf. C. 10, *Décrétales*, l. IV, t. I.

par une sorte de traité préalable dont les fiançailles n'étaient que l'expression.

Une autre cause tenait aux sources mêmes où l'Église puisa quand elle sentit le besoin d'établir une réglementation précise du mariage. Elle rencontra les fiançailles en usage partout autour d'elle ; elle les trouva dans l'Écriture sainte, les textes que nous en avons cités montrent qu'elles n'étaient point inconnues ; elle les trouva dans le droit romain où, tout en n'ayant plus l'importance qu'elles avaient autrefois dans les vieux usages des Latins, elles restaient cependant fort usitées et sanctionnées dans une certaine mesure; elles les trouva enfin dans le droit germanique, et nous verrons que les *sponsalia* primitives du droit canonique ne furent pas sans avoir avec les fiançailles germaines de nombreux caractères communs. Aussi a-t-on pu dire qu'au cas même où l'Église n'aurait pas vu les fiançailles d'un œil favorable, elle eût été obligée de les admettre dans sa législation, car elle n'aurait pu rompre tout d'un coup avec les anciennes coutumes si fortement enracinées dans les mœurs.

Ajoutez à cela que l'Église ayant de bonne heure prohibé le mariage entre proches parents, les fiançailles, avec la publicité dont on les entoura, eurent cette utilité de permettre de rechercher et de faire constater s'il n'existait pas d'empêchements au mariage de ceux qui avaient échangé des promesses d'union.

Il n'est donc point surprenant, étant donné toutes ces considérations, que les fiançailles devinrent d'un usage très fréquent, si fréquent même qu'au dire des canonistes on ne voyait plus de mariages sans fiançailles. Cependant, quoique l'Église considérât les fiançailles comme très salutaires, elle ne les considéra jamais comme étant de la substance du mariage, et même à l'époque du droit canonique classique elle reconnut qu'un mariage pouvait être valablement contracté. bien qu'il n'eût point été précédé de fiançailles (1).

Les *sponsalia* du droit canonique primitif consistaient dans l'échange des consentements des parties, qui voulaient se prendre réciproquement pour époux; peu importait que cet échange de consentement dût avoir un effet immédiat, peu importait qu'il ne dût produire son effet que dans un avenir plus ou moins éloigné.

Cet échange de consentement n'était soumis à aucune condition de forme particulière, aucune solennité n'était requise, comme en droit germanique, le contrat de fiançailles était un contrat purement consensuel. C'est l'évolution que nous avons vue commencer à la période précédente qui se continuait, le contrat consensuel remplaçait le contrat formaliste, de même que celui-ci avait remplacé le contrat réel. Si les textes anciens nous parlent des fiançailles jurées, ce n'est pas parce que le serment était exigé pour leur validité, mais parce qu'au moyen âge, il était d'usage de faire intervenir le serment dans la plupart des contrats, pour leur donner plus de force par suite du respect que les anciens peuples attachaient au serment prêté.

Les *sponsalia* s'écartaient donc des fiançailles germaines dans leur formation ; en revanche, elles s'en rapprochaient beaucoup dans leurs effets, car on cherchait, par tous les moyens possibles, comme en droit germa-

(1) Durand de Maillane, *Institutes de droit canonique traduites en français*, t. IV, p. 1273 ; De Héricourt, *Lois ecclésiastiques de France dans leur ordre naturel*. Paris, 1770 ; G. V. I, 3.

nique, à punir les ravisseurs des fiancées et à contraindre les *sponsi* à respecter la parole qu'ils s'étaient donnée. C'est ainsi qu'on ordonnait aux ravisseurs de rendre les fiancées qu'ils avaient enlevées (1); qu'on prononçait contre eux les peines les plus graves, même l'excommunication (2); qu'au VIIe siècle, le concile connu sous le nom de Quinisexte déclarait coupable d'adultère celui qui épousait la femme fiancée à un autre (3); qu'en 789, le synode d'Aix-la-Chapelle interdisait d'épouser la fiancée d'un autre (4), interdiction que reproduisait, au IXe siècle, le pape Jean VIII (5).

Ces effets, que l'on reconnaissait aux fiançailles, se rapprochaient singulièrement des effets produits par le mariage, et conduisaient à assimiler les fiançailles au mariage. Cette assimilation était d'autant plus facile que le mariage en droit canonique, au moins à partir du XIIe siècle, n'était soumis à aucune condition de forme et devenait parfait par le seul consentement des parties: *Solo consensu legitimo contrahitur matrimonium.* Or, ce consentement, semblait-il, était contenu dans la *desponsatio*, comment dès lors distinguer le mariage des fiançailles telles que nous les avons envisagées ? D'ailleurs, les textes eux-mêmes semblaient fortifier cette idée qu'il y avait identité entre les *sponsalia* et le mariage. Les Pères de l'Église donnaient aux fiancés le nom d'é-

(1) Hefele, *Histoire des Conciles*, trad. Delarc, Paris, 1870, t. I, p. 205; Gratien, C. XLVII, *Causa* XXVII, *qu.* 2.

(2) Gratien, C. XXXIV, *Causa* XXVII, *qu.* 2; Hefele, *op. cit.*, t. V, p. 89.

(3) Hefele, *op. cit.*, t. IV, p. 224.

(4) Hefele, *op. cit.*, t. V, p. 313.

(5) Gratien, C. L, *Causa* XXVII, *qu.* 2.

poux : *Cum initiatur conjugium conjugii nomen ancisci-tur. Non de floratio virginitatis facit conjugium, sed pactio conjugalis* (1). *Conjuges verius appellantur a primo desponsationis fide, quamvis adhuc inter eos ignoretur conjugalis concubitus* (2). *Conjux vocatur a prima desponsationis fide, quam cubitu non agnoverat, nec fuerat cogniturus, nec perierat, nec mendax menserat conjugis appellatio, ubi nec fuerat, nec futura erat carnis ulla commixtio* (3). D'autres textes paraissaient les traiter comme des époux, en défendant à un fiancé d'épouser un parent de l'autre fiancé (4).

Aussi, dès le XIe siècle, trouvons-nous dans le droit canon une doctrine, exposée surtout par Fulbert et par Yves de Chartres, qui assimilait les fiançailles au mariage, en leur attribuant les principaux effets de celui-ci ; *qui enim juramento pactum conjugale confirmavit, ex majori parte sacramentum conjugale implevit*, disait Yves de Chartres. Cette doctrine, longuement développée dans les lettres de ce dernier, pouvait se résumer ainsi : le lien créé par les fiançailles est indissoluble, le fiancé ne peut épouser une autre personne que sa fiancée, et, réciproquement, la fiancée ne peut rechercher en mariage un autre que son fiancé ; tout mariage contracté d'ailleurs au mépris de la parole donnée est nul, car les fiançailles créent, non point simplement un empêchement prohibitif au mariage (comme quelques siècles plus tard), mais un empêchement dirimant (5).

(1) Gratien, C. V, *Causa* XXVII, *qu.* 2.
(2) Gratien, C. VI, *Causa* XXVII, *qu.* 2.
(3) Gratien, C. IX, *Causa* XXVII, *qu.* 2.
(4) Gratien, C. XI, XV, *Causa* XXVII, *qu.* 2.
(5) Il faut remarquer que Yves de Chartres n'attribue ces effets

Cette doctrine prit une certaine importance, puisque Gratien dans la *Causa* XXVII, *quæstio* 2, rechercha si les fiancés étaient déjà des époux.

Pour lui, la solution dépendait de la question de savoir quelles étaient les conditions nécessaires pour qu'il y eût mariage parfait, car si le consentement suffisait pour former le mariage, ce consentement était contenu dans la *desponsatio*, et fiançailles et mariage ne formaient plus qu'une seule et même chose. Or, Gratien, s'appuyant sur un passage attribué à saint Augustin et sur un autre passage altéré de l'épître de saint Léon à Rusticus, declarait que le consentement pur et simple des parties ne suffisait pas pour qu'il y eût mariage parfait, il fallait encore que la *copula carnalis* eût existé entre les époux. Pour appuyer son opinion, il citait une série de règles certaines, admises par les canonistes, qui ne permettaient pas de supposer que les simples fiancés étaient déjà des époux; et il en arrivait à cette conclusion qu'il fallait établir une distinction entre le mariage et les fiançailles : *Patet quod inter sponsum et sponsam, conjugium non est.* Le mariage était un acte complexe comme en droit germanique, entre les parties qui s'étaient engagées *per sponsalia* il y avait *matrimonium initiatum,* mariage incomplet, qui existait par le seul effet du consentement, et qui pouvait se dissoudre, tandis que quand la *copula carnalis* était intervenue entre fiancés, le mariage devenait parfait et indissoluble, il y avait mariage complet, *matrimonium ratum* (1). Et pour expliquer les

qu'aux fiançailles jurées, cela vient de ce que, de son temps, le serment accompagnait toujours les fiançailles sérieusement contractées, mais il n'était pas nécessaire, nous l'avons vu, pour leur validité.

(1) Gratien, *Dictum* sur C. XXXIV, *Causa* XXVII, *qu.* 2.

textes des Pères de l'Église et du droit canonique qui semblaient confondre les mots *sponsalia* et *matrimonium*, *sponsus* et *maritus, sponsa* et *uxor*, Gratien disait que les fiancés étaient appelés époux ou traités comme tels, simplement parce qu'une fois les fiançailles contractées, ils étaient appelés à le devenir, ils étaient virtuellement des époux (1).

Ainsi envisagée, la conception des fiançailles en droit canonique se serait beaucoup rapprochée de la conception des fiançailles en droit germanique, les *sponsalia* auraient été, en effet, le préliminaire nécessaire du mariage, le préliminaire essentiel même, puisqu'elles en auraient renfermé l'élément principal : l'échange des consentements. La *traditio puellæ* du droit germanique nécessaire pour réaliser le mariage aurait été remplacée par la *commixtio sexuum* et ce n'est qu'à partir de ce moment que le mariage aurait été parfait. *Si quis desponsata sibi et tradita utatur conjugium vocatur* (2). Aussi, Gratien en tirait cette conséquence : c'est qu'une fiancée pouvait valablement épouser un autre jeune homme que son fiancé; et, pour mettre sa doctrine en concordance avec certains textes qui semblaient en opposition avec elle, parce qu'ils défendaient d'épouser la fiancée d'autrui et interdisaient aux parents, après avoir fiancé leur fille à un homme de la donner en mariage à un autre, il admettait que les fiançailles avaient vécu et que le mariage était suffisamment exécuté, qu'il était *ratum*, quand la bénédiction nuptiale avait été donnée ou quand la femme avait été

(1) Gratien, C. XLV, *Causa* XVII, *qu.* 2 : *Ex his omnibus apparet sponsas conjuges appelari spe futurorum non re præsentium*; *Dictum* sur C. XXXIX, *Causa* XXVII, *qu.* 2, § 2.

(2) Gratien, C. XXXVII, *Causa* XXVII, *qu.* 2.

conduite dans la maison du mari, ce qui avait eu lieu, prétendait-il, dans les espèces rapportées par ces textes (1).

A côté de cette théorie s'en développa une autre due à l'évolution de la théorie sur le mariage, et qui se fit nettement jour quand on admit d'une façon définitive qu'il suffisait, pour parfaire le mariage, de l'échange des consentements à condition que cet échange fût actuel et exprimé clairement, mais sans qu'il y eût besoin d'aucune consommation. C'est la théorie qui fut développée par Pierre Lombard. Pour résoudre l'antinomie existant entre les textes qui désignaient les fiancés tantôt comme époux, tantôt autrement, il distingua, après Hugues de Saint-Victor, deux sortes de *sponsalia*. Les parties pouvaient déclarer qu'elles voulaient se prendre pour mari et femme et convenir que la convention produisait immédiatement son plein et entier effet, c'était là les *sponsalia de præsenti*. Elles pouvaient, au contraire, déclarer qu'elles se prendraient plus tard seulement pour mari et femme, convention qui ne devait avoir d'effet que dans l'avenir, au bout d'un certain laps de temps, c'était les *sponsalia de futuro*. Et grâce à cette distinction basée uniquement sur le moment de l'exécution de la convention, Pierre Lombard expliquait les effets contradictoires attribués à la *desponsatio* par les anciens textes : ceux qui permettaient à un *sponsus* de rompre les fiançailles pour entrer dans un monastère, qui lui permettaient de se marier avec une autre personne que sa *sponsa* devaient s'entendre des *sponsalia de futuro* ; tandis que ceux qui déclaraient nul ce mariage, qui donnaient à la *sponsa* le titre de veuve après la mort de son *sponsus*, ou

(1) Gratien, C. L, *Causa* XXVII, *qu.* 2, et *Dictum* sur C. L.

qui disaient que la *desponsatio* produisait l'alliance devaient s'entendre seulement de la *desponsatio de præsenti* (1).

Ces deux théories restèrent en présence jusqu'à la fin du XIIe siècle. Il est vrai que l'exposé de celle de Gratien s'enrichit d'une *palea* (2) consistant dans un texte attribué à tort à saint Augustin, et reproduisant la distinction faite par Pierre Lombard entre les *sponsalia per verba de præsenti* et les *sponsalia per verba de futuro* ; mais néanmoins une profonde différence existait encore entre les deux doctrines dans une espèce particulière. C'est au cas où deux *sponsalia de præsenti* successives avaient été contractées par la même personne ; l'Église italienne avec Gratien prétendait que celles-là seules, qui avaient été suivies de cohabitation, devaient être maintenues, tandis que, d'après l'Église de France, c'était les premières en date qui devaient recevoir leur exécution. Les canonistes transalpins accordaient donc toujours une importance considérable à la *copula carnalis*, importance que leurs adversaires ne reconnaissaient pas.

Vers la fin du XIIe siècle, une théorie unique se fit jour, la distinction des *sponsalia de præsenti* et *de futuro* fut consacrée ; on admit que les *sponsalia de præsenti* constituaient un mariage parfait, et que le mariage postérieur consacré au mépris de telles fiançailles était nul quand même il aurait été consommé le premier (3).

(1) *Sent.*, liv. IV, D. XXVII, I. — XLVIII. A. — XXVII, O. N. K.

(2) Gratien, C. LI, *Causa* XXVII, *qu.* 2.

(3) Grégoire IX disait pour montrer l'effet produit par les *sponsalia de præsenti* : ... *secundum matrimonium de facto contractum, etiamsi sit*

C'était la théorie de l'Église de France qui triomphait. Cette règle fut sanctionnée à maintes reprises dans le courant du XIIe siècle, d'abord par le pape Innocent II, puis, successivement, par Alexandre III (1) et Innocent III (2). C'était une conséquence inévitable de ce principe alors admis, que le mariage était un contrat parfait par le seul échange des consentements, *quia contractus jam perfectus est per solum consensum*, les fiançailles contractées par paroles de présent renfermant ce consentement, il ne pouvait plus y avoir de différence entre elles et le mariage, l'assimilation devait être complète, les *sponsalia de præsenti* avaient cessé d'exister.

Quant aux *sponsalia de futuro*, les seules dont nous aurons maintenant à nous occuper, elles ne furent plus que des promesses de mariage futur, susceptibles de se transformer en union définitive quand le consentement des parties intervenait et quelle que fût la façon sous laquelle il se manifestât.

Envisagées sous cet aspect, les fiançailles constituaient en droit canonique un contrat consensuel, se formant par l'échange des consentements des parties qui se promettaient réciproquement de se prendre plus tard pour mari et pour femme.

Aucune condition de forme extérieure n'était exigée pour leur validité. Cependant, les anciens canonistes distinguaient les fiançailles simples des fiançailles solennelles. Les fiançailles solennelles, qui existaient dans certains diocèses, se célébraient à l'église avec les céré-

carnalis copula subsecuta, separari debet, et primum in sua firmitate manere (C. 31, *Décrétales*, L. IV, t. I).

(1) C. 3, *Décrétales*, L. IV, t. IV.

(2) C. 14, *Décrétales*, L. IV, t. II; C. 5, *eod. loc.*

monies requises par les usages du pays, c'est-à-dire ordinairement la bénédiction du prêtre et les prières qui l'accompagnaient. Elles étaient en honneur dans les diocèses de Paris, d'Orléans, de Langres, de Sens, de Chartres, de Reims, et autres; c'était même pour les futurs époux une obligation de se fiancer à l'église; un curé aurait péché s'il avait marié deux de ses paroissiens sans avoir préalablement béni leurs fiançailles. Ces fiançailles solennelles, aussi appelées fiançailles ecclésiastiques, pouvaient se faire à l'église jusqu'à neuf heures du soir et n'importe quel jour de l'année, sauf le jour du mariage : quand les futurs époux se présentaient devant lui, le curé les examinait, s'assurait qu'ils possédaient des principes religieux suffisants pour assurer l'éducation chrétienne de leurs enfants, puis il les faisait s'expliquer clairement sur leurs intentions et recherchait si aucun obstacle ne s'opposait à la formation de leur union. Les cérémonies religieuses étaient ensuite remplies. Enfin, dans certains diocèses, on mentionnait l'acte des fiançailles sur un registre spécial. Cette nécessité de la présence du prêtre pour la formation des fiançailles avait été indiquée par le canon 69 du concile de Bayeux, tenu en l'an 1300 (1), mais sa disposition ne fut point généralement appliquée.

(1) *Recueil des actes, titres, mémoires concernant les affaires du clergé de France*, t. V, col. 646 : *Prohibemus sub pœna excommunicationis et magnæ emendæ ne aliquæ personæ consentiant matrimonialiter per verba de præsenti donec sint ante fores Ecclesiæ, quando nuptialis benedictio debet celebrari; possunt tamem fidem dare inter se de matrimonio contrahendo si sancta Ecclesia id poterit sustinere et hoc tamen non fiat sine præsentia sacerdotis vel alicujus clerici ad hoc specialiter ab ipso missi.*

Les fiançailles simples, au contraire, étaient celles qui se faisaient sans cérémonies ecclésiastiques, elles étaient surtout usitées dans les diocèses de Provence et de Languedoc.

Durant de Maillane, qui reproduit cette distinction (1), nous apprend que ces deux sortes de fiançailles étaient aussi valables l'une que l'autre, elles créaient pour chaque fiancé une obligation réciproque de s'épouser; la seule différence existant entre elles était relative à l'empêchement d'honnêteté publique. D'après l'auteur des *Conférences de Paris*, les fiançailles solennelles auraient eu seules le pouvoir de produire la *publica honestas*; mais cette opinion, à laquelle d'ailleurs était opposé l'auteur des *Conférences d'Angers*, ne prévalut pas, et il fut admis que l'empêchement dirimant d'honnêteté publique était attaché à l'une comme à l'autre espèce de fiançailles, la bénédiction religieuse n'ayant rien d'obligatoire et n'étant pas nécessaire pour la validité des fiançailles. L'Église fut obligée d'ailleurs de renoncer, dans certains endroits, aux fiançailles solennelles à cause des abus qu'elles occasionnaient, surtout à partir du moment où la bénédiction nuptiale fut indispensable pour assurer la validité du mariage; le peuple, en effet, confondait les fiançailles ecclésiastiques avec le mariage et croyait qu'il suffisait d'être fiancé pour user de tous les droits que confère le mariage (2).

(1) *Répertoire de droit canonique et de pratique bénéficiale*, v° *Formes des fiançailles.*

(2) *Les statuts d'Aleth*, liv. IV, tit. 19, portent : « Pour abolir l'abus qui s'était introduit dans ces diocèses par l'ignorance de plusieurs personnes qui s'imaginaient faussement qu'après les fiançailles célébrées en présence d'un prêtre, ils pouvaient légitimement vivre en-

Le contrat de fiançailles ressemblait donc aux autres contrats de droit canonique quant à sa formation, en ce sens qu'on pouvait le contracter comme on voulait, sans que les cérémonies ecclésiastiques fussent absolument nécessaires; l'échange des consentements constituait seul la condition indispensable et suffisante pour la validité du contrat (1).

Dès lors on pouvait contracter fiançailles de différentes manières :

Verbis, quand on échangeait une promesse verbale, quand on l'accompagnait d'un serment ou d'une *fidei datio*, comme c'était fréquent dans l'usage.

Re, quand on se donnait des arrhes ou un anneau comme signes extérieurs de la promesse (2). La jeune fille, qui recevait des arrhes ou un anneau des mains de son futur époux, était supposée consentir aux fiançailles ; mais si l'anneau était remis à la jeune fille par les parents du jeune homme, celui-ci n'était réputé consentir que si la

semble comme s'ils eussent été mariés, défendons dorénavant de faire les fiançailles à l'Église, et à tous recteurs, vicaires et autres prêtres d'y assister ».

(1) C'est encore la théorie du droit canon moderne : *In primis consensus sponsalitius quacumque idoneo modo exprimi potest, ita ut nulla forma aut solemnitas pro sponsalium validitate requiratur, e. q. scriptura, testes, præsentia parochi... imo sponsalia coram parocho et testibus hodie in usu nullibi sunt* (Gasparri, *Tractatus de matrimonio*, t. I, nº 24).

Il faut dire néanmoins que, dans la pratique, les cérémonies ecclésiastiques étaient très usitées et l'usage s'en continua assez longtemps puisque, au commencement du XVIIIe siècle, de Héricourt nous dit que l'usage était encore de faire les promesses de mariage dans l'église en présence du curé qui en donnait acte (De Héricourt, *op. cit.*; G. V. I. 3).

(2) Gratien, C. XIV, *Causa* XXVII, *qu.* 2; C. III, *Causa* XXX, *qu.* 5.

remise de l'anneau avait eu lieu en sa présence et de son plein gré.

Factis, quand l'échange des consentements se manifestait par des faits ; l'exemple le plus frappant était le serrement de mains ou *manuum porrectio*, si usité dans l'antiquité, et dont on retrouve des traces jusque dans les Assises de Jérusalem.

Signis, quand il se manifestait par des signes non équivoques ; c'est pourquoi le contrat de fiançailles était accessible aux muets et aux sourds.

Per epistolam, quand il était contenu dans une lettre.

Per interpretem, quand les personnes présentes, ne pouvant se faire comprendre l'une à l'autre, on devait recourir à un interprète.

Per procuratorem, quand l'échange des consentements se faisait par l'intermédiaire de mandataires. On admettait que les futurs époux parlaient par la bouche de leurs mandataires (1), néanmoins un mandat spécial était exigé, un mandat général de contracter fiançailles, sans désignation de personnes, n'aurait pu produire aucun effet.

A ce sujet il importe de remarquer que, dans le droit canonique classique, les enfants étaient souvent fiancés par leurs pères. C'était une prérogative qu'on accordait à ces derniers, car on leur reconnaissait la faculté de parler au nom de leurs enfants et le droit de les fiancer sans mandat spécial de leur part.

La question, qui se posait, était de savoir si la ratification des enfants était nécessaire pour valider les fiançailles ainsi conclues.

(1) Glose sur G. VIII, *Causa* XXX, *qu.* 5, v° *Uxor* : *Dic quod ore videntur consentire cum procuratores eorum nomine consentiant.*

D'après une Décrétale, le père aurait pu fiancer valablement et définitivement son enfant impubère (1). Cette doctrine, dit M. Esmein, était en parfaite harmonie avec les mœurs antiques : « lorsque deux familles, faisant la paix, fiançaient ensemble comme gage de réconciliation deux enfants en bas âge, il était utile que ce qu'elles avaient fait fût sérieux, ferme et solide. On ne devait point permettre au caprice des enfants devenus adultes de se manifester et de troubler par un refus l'harmonie péniblement établie » (2).

Cependant, cette décision ne concordait pas avec la tendance, manifestée depuis longtemps par le droit canonique, de rendre en matière de mariage les futurs époux maîtres de se décider suivant leurs affections et leurs volontés Aussi, dès le XIe siècle, nous voyons Yves de Chartres exiger la ratification de l'impubère parvenu à la *legitima ætas* pour consolider les fiançailles contractées en son nom par son père. De même Gratien décide que les fiançailles d'enfants en bas âge *in cunabulis* n'auront aucun effet à moins que ces enfants ne les ratifient quand ils auront atteint la puberté : *postquam venerint ad tempus discretionis* (3).

Quant aux fiançailles des pubères contractées par leurs parents, leur validité était subordonnée à la ratification des enfants lorsqu'ils étaient absents lors des *sponsalia* (4) ou à leur silence impliquant consentement tacite, lorsqu'ils étaient présents (5).

Cette solution fut appliquée aux fiançailles des impu-

(1) Gratien, C. II, *Causa* XXI, *qu.* 2.
(2) Esmein, *op. cit.*, t. I, p. 161.
(3) Gratien, C. I, *Causa* XXX, *qu.* 2.
(4) C. I, Sexte, liv. IV, t. II.
(5) Arg. C. 6 et 11, *Décrétales*, liv. IV, t. II.

bères, et la règle générale qui fut admise, c'est que les parents pouvaient contracter les fiançailles au nom de leurs enfants quel que fût l'âge de ces derniers, mais qu'il fallait nécessairement pour qu'elles fussent parfaites, la ratification expresse ou tacite des enfants consentants et pubères (1).

Les *sponsalia* pouvaient d'ailleurs être affectées de certaines modalités dont les conséquences, ainsi que nous le verrons en parlant des effets des *sponsalia*, ne se manifestaient que lors de l'exécution des obligations auxquelles ces dernières donnaient naissance.

Elles pouvaient ainsi être contractées *aut pure, aut adjecta die, aut sub conditione.*

Il n'y avait rien de particulier relativement à ces différentes modalités : elles étaient régies en matière de fiançailles par les mêmes règles qu'en matière d'obligations ordinaires. Néanmoins, il y a lieu de remarquer que la condition illicite n'entraînait pas toujours la nullité du contrat. Si cette condition était illicite parce qu'elle était impossible ou contraire aux bonnes mœurs, elle était regardée comme non écrite *pro non adjecta habetur, vitiatur et non vitiat ob favorem matrimonii.* Que si, au contraire, la condition était illicite parce qu'elle allait contre la substance même du mariage,

(1) C. I, Sexte, liv. IV, tit. II : *Porro ex sponsalibus quæ parentes pro filiis puberibus vel impuberibus plerumque contrahunt, ipsi filii, si expresse consenserint vel tacite, ut si præsens fuerint, nec contradixerint obligantur, et ex eis oritur justitia publicæ honestatis. Et est idem si filii, tempore sponsaliorum absentes, et etiam ignorantes, eadem sponsalia post scientes ratificaverunt tacite vel expresse; alias ex sponsalibus contractis a parentibus pro filiis, nec ipsi filii obligantur, nec publicæ honestatis justitiæ inde surgit.*

alors non seulement elle était réputée non écrite, mais elle entraînait la nullité de la promesse, la nullité des fiançailles; tel était le cas où l'un des fiancés avait dit à l'autre : Je te promets de t'épouser si tu fais en sorte de n'avoir point d'enfants, ou à moins que je ne trouve une femme plus vertueuse ou plus riche, ou à condition que tu te livres à la prostitution : *Si generationem prolis evitaveris, vel donec aliam honore vel facultatibus digniorem inveniam, aut si pro quæstu adulterandam te tradideris.* « Apposer dans un acte une condition contre sa substance, c'est l'anéantir, c'est vouloir et ne pas vouloir, *remota substantia alicujus actus removetur et ipse actus.* Mais ici la condition impossible ou déshonnête attaque le mode de l'acte et blesse si essentiellement son caractère qu'elle lui ôte ses effets, d'où vient qu'une telle condition qui suppose une méchante volonté ou une volonté contraire à la nature de l'acte dans celui qui l'allègue ne peut dans ce cas passer pour non écrite, mais *vitiatur* et *vitiat* (1). »

(1) Durand de Maillane, *Institutes de droit canonique traduites en français*, t. IV, p. 320.

CHAPITRE II

Des effets des « sponsalia ».

Les effets produits par les fiançailles en droit canonique peuvent se ramener à trois principaux : elles engendraient pour les fiancés une obligation réciproque de s'épouser; elles créaient entre eux et certains de leurs parents un empêchement dirimant de mariage; enfin elles se transformaient en mariage véritable quand la *copula carnalis* intervenait après leur formation.

I. — De l'obligation d'épouser

Les *sponsalia* créaient entre les fiancés un véritable lien de droit consistant en ce que chacun d'eux pouvait exiger de l'autre le mariage, de même que chacun d'eux pouvait être tenu vis-à-vis de l'autre de l'accomplir (1). Le contrat de fiançailles était donc un contrat synallagmatique produisant un droit et une obligation au profit

(1) Le Ridant et Camus, *Code matrimonial*, t. I, p. 21, Can. 34, concile de Château-Gontier (1231) : *Contracturi tamen vel præsentes matrimonium proloquentes per arras sponsalitias, vel alias solicite poterunt obligari, quod compelli poterunt, si Ecclesia consentit, ad matrimonium in facie Ecclesiæ consummandum.*

et à la charge de chacune des parties : néanmoins le droit et l'obligation auxquels il donnait naissance n'étaient pas d'ailleurs inséparables et si l'un des fiancés venait à renoncer à son droit en renonçant à exiger le mariage, ou en était déchu par l'une ou l'autre des causes que nous verrons plus loin, ce dernier ne cessait pas pour autant d'être tenu vis-à-vis de l'autre, son obligation continuait d'exister.

Cet effet était fondé sur le droit naturel et civil qui ne permet pas de se rétracter au préjudice d'un autre de la parole que l'on a donnée en pleine connaissance de cause et avec une entière liberté.

L'obligation naissant des *sponsalia* ne restait pas sans sanction, chaque *sponsus* avait une action pour appeler l'autre en justice quand il se montrait récalcitrant et le contraindre à accomplir sa promesse. La difficulté consistait à déterminer quels moyens le juge pouvait employer pour arriver à l'exécution du contrat.

Il est bien évident que, comme il s'agissait ici d'un acte à accomplir, acte dépendant absolument du fait de l'individu, le juge ne pouvait se servir de moyens de contrainte directs auxquels la volonté échappe complètement; mais l'on se demandait s'il pouvait employer des moyens de contrainte indirects, notamment les censures, l'excommunication.

En présence des textes contradictoires plusieurs systèmes avaient été émis.

D'après une première opinion s'appuyant sur une Décrétale du pape Lucius III (1) on devait employer seulement les exhortations et proscrire les moyens de con-

(1) C. 17, *Décrétales*, liv. IV, t. I.

trainte, car ces derniers ne pouvaient donner, disait-on, que de mauvais résultats, les mariages contractés par force ayant généralement des suites fâcheuses : *quum coactiones hujusmodi difficiles soleant exitus frequenter habere.* C'était déjà d'ailleurs l'opinion de saint Jérôme dans son second dialogue contre les Pélagiens : *nullam majorem inimicitiam quam amicitias necessitate sociare.*

D'après une seconde opinion il fallait distinguer entre les fiançailles confirmées par serment et celles qui ne l'étaient pas. Certains canonistes prétendaient qu'on pouvait contraindre les parties à exécuter les fiançailles qui avaient été jurées, tandis qu'on ne pouvait pas les forcer à exécuter les fiançailles simples. Cette distinction était en opposition complète avec un texte du pape Innocent III qui ne permettait pas d'exercer la coercition dans un cas où cependant les fiançailles avaient été confirmées par serment (1).

Enfin une troisième opinion admettait qu'on pouvait employer les moyens énergiques, notamment les censures ecclésiastiques, l'excommunication et même la prison pour contraindre au mariage le fiancé récalcitrant. Cette opinion appuyée sur un rescrit du pape Alexandre III (2) auquel d'autres textes des Décrétales sont conformes, prévalut au xve siècle et fut adoptée par le droit canonique. La jurisprudence des parlements y était conforme. C'est ainsi que le Parlement de Dijon par arrêt du 21 juillet 1575 confirmait la sentence du juge d'Église qui avait employé les censures ecclésiastiques pour contraindre une fiancée qui refusait d'accomplir ses promesses sans raisons sérieuses Par autre arrêt datant

(1) C. 17, *Décrétales*, liv. IV, t. I.
(2) C. 10, *Décrétales*, liv. IV, t. I.

du 29 janvier 1604 le même parlement décidait que l'official de Châlons avait pu valablement condamner le défendeur à épouser sa promise (1). Ajoutons que lorsqu'une jeune fille se plaignait d'avoir été amenée dans un mauvais commerce sous promesse de mariage, c'était un ancien usage très suivi des officialités de permettre « d'amener sans scandale » et de constituer prisonnier celui qui faisait refus d'accomplir ses promesses (2).

L'obligation née des fiançailles recevait d'ailleurs indirectement une seconde sanction, car les fiançailles créaient un empêchement prohibitif au mariage que l'un des fiancés aurait voulu contracter avec toute autre personne que son fiancé. Yves de Chartres était même allé jusqu'à décider que le mariage contracté au mépris de précédentes fiançailles était radicalement nul. Quand l'un des fiancés avait lieu de craindre que son fiancé n'allât épouser un autre que lui, il avait un moyen à sa disposition pour empêcher le mariage qu'il redoutait, ce moyen consistait à y faire opposition. Il s'adressait à la justice et déclarait l'empêchement qui s'opposait à la nouvelle union par suite des fiançailles antérieures. Le juge lançait alors immédiatement un *interdictum*, et défendait de parfaire le mariage projeté, de s'engager par des liens plus forts, jusqu'au moment où l'on aurait statué sur l'existence de l'empêchement prétendu. Il était ainsi facile d'empêcher le nouveau mariage, mais en fait ce moyen était rarement employé. Les textes nous montrent peu d'exemples de l'exercice du droit d'oppo-

(1) *Traité de la juridiction ecclésiastique contentieuse, par un docteur en Sorbonne*, t. I, 2e partie, p. 138.

(2) *Recueil des actes, titres, mémoires, concernant les affaires du clergé de France* t. V, col. 1105.

sition fondé sur des fiançailles antérieures. La raison en est simple : le mariage n'était alors soumis à aucune solennité, rien n'avertissait les tiers de l'union qui allait être contractée, le premier fiancé encore moins que les autres personnes ne pouvait en avoir connaissance, et par suite il arrivait presque toujours qu'il n'apprenait la violation des promesses faites qu'une fois le mariage contracté, quand son droit d'y former opposition était éteint.

Le moment de l'exécution de l'obligation résultant des fiançailles dépendait des modalités suivant lesquelles la promesse avait été faite.

Si la promesse était pure et simple, son accomplissement devait avoir lieu sitôt qu'un des fiancés l'exigeait.

Si elle avait été faite à terme, une distinction s'imposait : ou le terme avait été fixé pour contracter alors mariage *ad sollicitandum implementum*, ou il n'avait été opposé que pour mettre fin à l'obligation *ad limitandam vel finiendam obligationem*. Dans le premier cas, celui qui s'était obligé ne pouvait être contraint à accomplir sa promesse avant l'arrivée du terme ; dans le second cas, il en était dégagé si pendant le temps fixé il n'avait pas tenu à lui que le mariage ne se fît. Mais dans l'un comme l'autre cas l'obligation avait pris naissance et avec elle l'empêchement qui en était la conséquence.

Enfin si la promesse avait été faite sous condition licite, elle ne pouvait produire ses effets que quand la condition était accomplie ; ce n'était qu'à ce moment que l'obligation de contracter mariage pouvait prendre naissance ; aussi, avant l'arrivée de la condition l'empêchement résultant des fiançailles n'existait pas (1). On

(1) Sexte, liv. IV, t. I, cap. I.

admettait néanmoins, en matière de fiançailles, ce principe de droit commun qui autorisait celui dont la naissance du droit était subordonnée à une condition, de faire tous les actes conservatoires de son droit, et l'on permettait à l'un des *sponsi* d'empêcher le mariage que l'autre aurait voulu contracter avec un tiers avant l'arrivée de la condition, en l'autorisant à faire opposition à ce mariage suivant les voies de droit commun de la *denunciatio Ecclesiæ* ou de l'*interdictum*.

Le droit canonique s'efforçait par tous les moyens en son pouvoir de faire respecter l'engagement pris lors des fiançailles; il semble donc qu'il aurait dû permettre de fortifier cet engagement par l'adjonction d'une stipulation de peine, et de mettre ainsi le fiancé dans l'alternative d'épouser ou de payer une somme stipulée d'avance en cas de dédit. Cependant il n'en fut jamais ainsi et, même à l'époque où l'Église employa les moyens de coercition les plus énergiques pour faire exécuter les fiançailles, la *stipulatio pœnæ* fut interdite pour en assurer l'exécution. Une Décrétale prohibait semblable stipulation (1); elle ordonnait même de contraindre celui au profit de qui pareille stipulation avait été consentie, à renoncer à s'en prévaloir, et conseillait l'emploi des censures ecclésiastiques pour arriver à cette fin. Grégoire IX fortifiait sa décision en se basant sur la liberté qui doit régner dans les mariages : *Quum itaque matrimonia libera esse debeant, et ideo talis stipulatio propter pœnæ interpositionem sit merito improbanda, mandamus...*

Cette explication était admissible en droit romain où

(1) C. 29, *Décrétales*, l. IV, t. I.

le principe que les mariages doivent être libres signifiait que non seulement le consentement devait être donné avec une pleine et entière liberté au moment même du mariage, mais encore et surtout, que les époux ayant la faculté de se séparer à leur gré une fois l'union contractée par suite des facilités très grandes avec lesquelles le divorce était admis, ces derniers ne pouvaient pas être plus enchaînés par les fiançailles que par le mariage lui même. Elle ne suffisait plus en droit canonique, car du moment que l'on reconnaissait l'obligation naissant des fiançailles, et des sanctions pour en assurer l'exécution, l'adjonction d'une *stipulatio pœnæ* aux *sponsalia de futuro* ne pouvait avoir pour effet de restreindre dans des limites plus étroites la liberté des fiancés.

Il est préférable de voir dans cette inconséquence une application de la fameuse maxime de droit canonique : *Spiritualia non recipiunt æstimationem;* c'est sans doute parce que l'objet du contrat de fiançailles n'était susceptible d'aucune estimation pécuniaire que la *stipulatio pœnæ* qu'on aurait voulu y adjoindre n'avait aucune valeur.

En revanche des arrhes pouvaient être données. L'on estimait que les arrhes entravaient moins la liberté du consentement que la stipulation de peine, parce qu'on regarde moins à perdre ce qui a été donné, qu'à s'exposer à payer une somme qui n'a point encore été versée, ce qui est fait frappe moins l'esprit que ce qui est à faire : *Stipulatio pœnæ minuit libertatem futuri conjugii, quod fortasse iniquitur ad vitandam pœnam; et minuit magis quam arrhæ cum magis displicere soleat solvere aliquid in pœnam, quam amittere solutum* (1). Cette distinction

(1) Gasparri, *Tractatus de matrimonio*, t. I, n°s 56-61.

est assez futile, d'autant que les arrhes qui devaient être restituées pouvaient égaler et même surpasser la peine qui aurait été stipulée. Quoi qu'il en soit, une nouvelle sanction de l'obligation résultant des *sponsalia de futuro* consistait dans la perte des arrhes pour celui qui les avait données, quand le mariage était rompue par sa faute; ou par leur restitution au double quand la cause de la rupture était imputable à celui qui les avait reçues. On admettait même que la restitution pouvait être faite au quadruple (1).

Enfin le droit canonique reconnaissait qu'au cas de refus d'exécuter les fiançailles sans motifs légitimes, la partie qui persistait dans son refus devait à l'autre des dommages-intérêts. Mais d'après une ancienne jurisprudence les cours d'Église n'étaient pas compétentes pour adjuger ces dommages intérêts, la fixation en appartenait aux cours séculières, même à l'époque où l'Église eut acquis la compétence la plus étendue en matière de mariage. Du Luc dans ses *Arrêts* rapporte un arrêt du Parlement de Paris de l'année 1556, montrant que telle était la jurisprudence admise à cette époque (2). Cette jurisprudence fournissait un moyen d'éluder la prohibition de la clause pénale adjointe au contrat de fiançailles; les

(1) *Recueil des actes, titres, mémoires, concernant les affaires du clergé de France*, t. V, col. 1105.

(2) Hostiensis, *Summa*, p. 341-342 : *Qualiter providebitur diviti burgensi volenti collocare in matrimonium filiam suam alicui nobili et potenti sed pecuniam indigenti. Responde : Det magnam quantitatem pecuniæ pro arris, et stipuletur ipsos in quadruplum. Nam pœna est odiosa, arra vero favorabilis : pœna enim est signum matrimonii distrahendi et puniendi, sed arra est signum matrimonii contrahendi et renumerandi consentientem*. V. Esmein, *op. cit.*, t. I, p. 142, en note.

parties se faisaient une promesse respective de se payer une certaine somme au cas de refus d'accomplir les fiançailles et la causaient pour dommages-intérêts liquidés du consentement des parties et avec connaissance de cause. Plusieurs arrêts avaient alloué la somme ainsi fixée, dans des cas où elle n'était pas excessive.

II. — De l'empêchement d'honnêteté publique

Un second effet produit par les fiançailles canoniques était de créer un empêchement dirimant au mariage que l'un des fiancés aurait voulu contracter avec certains proches parents de l'autre. Cet empêchement était connu sous le nom de *publica honestas* ou de *justitia publicæ honestatis* (1).

On a essayé de retrouver des traces de cet empêchement dans le droit romain, c'est même là que les canonistes modernes en voient la source. Gasparri (2), après avoir montré que l'affinité romaine empêchait le mariage entre tous les parents en ligne directe, ajoute : *Præterea aderat quasi-affinitas quæ ad honestos mores tutandos, supplens affinitatem proprie dictam nuptias dirimebat : 1° inter virum et filiam uxoris natam ex alio post soluto divortis conjugium aut viceversa ; 2° inter sponsam patris et filium, sponsam filii et patrem matrem sponsæ et sponsum ; 3° tandem inter affines ex concubinatu et ex contubernio* (3). Le droit canonique, continue-t-il, a suivi

(1) C. 48, *Décrétales*, l. IV, t. I ; C. 1, 6, *Décrétales*, l. IV, t. I.
(2) *Op. cit.*, t. I, n° 708.
(3) L. 12, §§ 1 et 2, Digeste, L. XXIII, t. II : *Inter me et sponsam*

cet exemple et créé l'empêchement d'honnêteté publique résultant des fiançailles, *propter bonos mores civitatis.*

Dans tous les cas, l'empêchement d'honnêteté publique est certainement de droit positif ecclésiastique.

Il est assez difficile de préciser l'époque où il fut introduit dans le droit canon. Certains textes du décret de Gratien le faisaient remonter à une antiquité assez reculée. Ainsi le C. XI, *Causa* XXVII, *qu.* 2, rapporté au concile de Tibur de l'année 895 défendait à un individu d'épouser la fiancée de son frère après la mort de ce dernier (1). De même le C. XIV attribué à Grégoire le Grand interdisait à tous les parents d'un fiancé décédé d'épouser sa fiancée (2). Le C. XV attribué au pape Jules I reproduisait la même défense. Mais l'on ne saurait avoir une grande confiance dans ces textes qui paraissent apocryphes.

Hincmar de Reims et le pape Benoît (3) ne reconnaissaient d'ailleurs d'empêchement au mariage que l'alliance qui nécessite pour son existence l'*unitas carnis,* et ils repoussaient l'empêchement d'honnêteté publique.

Yves de Chartres, pour qui la *desponsatio* produisait déjà la plupart des effets du mariage, admettait qu'elle créait le *publica honestas*, mais d'après sa manière de voir

patris mei nuptiæ contrahi non possunt, quamquam noverca mea non proprie dicatur, sed et per contrarium, sponsa mea patri meo nubere non poterit, quamvis nurus non proprie dicatur.

(1) *Si quis desponsaverit sibi aliquam et præveniente mortis articulo eam non cognoscere potuerit, frater ejus non potest eam duxere in uxorem.*

(2) *Si quis uxorem desponsaverit, vel eam subarrhaverit quamquam postmodum præveniente die mortis ejus nequiverit eam duxere in uxorem, tamen nulli de consanguinitate ejus licet accipere eam in conjugio.*

(3) Gratien, C. XVIII, *Causa* XXVII, *qu.* 2.

cet empêchement n'était pas une conséquence de l'alliance qui aurait été produite par les fiançailles (les *sponsalia* n'étant pas susceptibles de produire l'alliance), il s'imposait par suite des dangers et des inconvénients qu'aurait entraînés la solution contraire.

Il est probable que la date de la création de cet empêchement ne fut pas éloignée de l'époque de Gratien ; en tout cas, il est hors de doute que la première pensée en soit venue à Boniface VIII, comme l'affirmait *Henricus Bruswerus* (1).

Gratien prétendait que cet empêchement était produit par le *matrimonium initiatum*, par conséquent il dérivait aussi bien des *sponsalia de futuro* que du mariage contracté; c'est la thèse qui fut admise.

Il ne faudrait pas cependant voir là un vestige de l'ancienne idée du *matrimonium initiatum* et dire que si les *sponsalia* créaient l'empêchement dont s'agit, c'est parce qu'elles étaient considérées comme un commencement de mariage et produisaient l'affinité. Non, les fiançailles se distinguaient nettement du mariage : la preuve en est qu'elles n'entraînaient pas, d'après la majorité des canonistes, le devoir de fidélité, la violation de la foi qu'on y avait promise n'étant pas sanctionnée par les peines de l'adultère (2); et dès lors les *sponsalia* n'étant pas le mariage ne pouvaient engendrer l'affinité.

Il vaut mieux attribuer la création de cet empêchement à des considérations de morale et d'intérêt public, car en matière de mariage il faut non seulement consi-

(1) *Apud Devoti*, II, 1, § 138.
(2) Sanchez, *De matrimonio sacramento*, *lib.* VII, *disp.* II.

dérer ce qui plaît ou ce qui est permis, mais encore ce qui est honnête : *cum juxta illud in nuptiis non solum spectandum sit quod liceat, sed etiam quod honestum videatur* (1). On estimait avec raison qu'une personne ne pouvait, sans blesser les lois de la morale ou les convenances, épouser une personne à un parent de laquelle elle avait été unie par les liens que créent les *sponsalia*. C'était la raison qui était donnée par saint Thomas : *quia scilicet talis propinquitas ab Ecclesia instituta est propter honestatem* (2), et c'est la même qui était encore admise par Sanchez : *hujusmodi impedimentum est institutum ob publicam honestatem et ad vitandum scandalum* (3).

D'après une décrétale (4), l'empêchement résultant des fiançailles aurait eu une portée illimitée, le mariage aurait été interdit entre un fiancé et tous les parents de l'autre : *Sponsam alterius (maxime si est nubili ætate proxima) nullus consanguineorum aliquo modo sibi potest matrimonio copulari.* C'était aller trop loin et donner à l'empêchement résultant des *sponsalia* une portée plus étendue qu'à celui résultant de l'alliance ou de la parenté (5). Dans la suite on restreignit la *publica*

(1) Gasparri, *op. cit.*, t. 1, n° 705.

(2) *Summa*, Supplément, *qu.* 55, *art.* 34.

(3) Sanchez, *loc. cit.*, *lib.* VII, *disp.* LXXVIII, n° 14.

(4) C. 8, liv. IV, t. I.

(5) En droit canonique, la parenté en ligne directe constituait toujours un empêchement au mariage. En ligne collatérale, elle empêchait le mariage jusqu'au septième degré. Le concile de Latran sous Innocent III (1215) restreignit cet empêchement au quatrième degré. L'alliance constituait également un empêchement jusqu'au quatrième degré.

honestas au degré auquel le mariage était prohibé entre parents (1).

Dans ces limites la *publica honestas* avait les effets les plus étendus.

L'empêchement né était perpétuel; il subsistait après la mort de l'un ou l'autre des fiancés (2) et d'une façon générale après la dissolution des fiançailles, quelle qu'en eût été la cause; on admettait même que l'empêchement naissait des fiançailles nulles pour une cause quelconque (3), sauf toutefois le cas où cette nullité résultait du défaut de consentement (4). Mais on supposait que l'impubère âgé de moins de sept ans ne pouvait consentir, aussi déclarait-on que les fiançailles qu'il avait contractées ne produisaient point l'empêchement d'honnêteté publique (5).

Enfin la *justitia publicæ honestatis* s'étendait non seulement aux parents légitimes du fiancé, mais encore aux parents illégitimes « parce que, dit Durand de Maillane (6), dans les mariages on doit avoir égard au droit naturel, à la pudeur et à l'honneteté ».

Cet empêchement ne s'étendait pas aux alliés.

(1) *Panormitanus* sur C. 8, X, IV, 1 : *Dic quod non : nam si vinculum consanguinitatis et affinitatis non extenditur hodie ultra quartum gradum respectu prohibitionis matrimonii, multo fortius nec istud impedimentum publicæ honestatis.* Cité par Esmein, *op. cit.*, t. I, p. 148 en note.

(2) Arg. Gratien, C. XIV, *Causa* XVII, *qu.* 2.

(3) Sexte, l. IV, t. I, cap. 1.

(4) C. 5, *Décrétales*, l. IV, t. II.

(5) C. 4, *Décrétales*, l. IV, t. II; Sexte, l. IV, t. II, cap. 1.

(6) *Répertoire*, v° *Fiançailles*.

III. — De la transformaton des « sponsalia » en mariage par suite de la « copula carnalis »

Les *sponsalia de futuro* de même que les fiançailles germaniques constituaient un acheminement vers le mariage. Cet acheminement était caractérisé par ce fait que les fiançailles se transformaient de plein droit en mariage parfait susceptible de produire tous ses effets légaux si la *copula carnalis* intervenait entre ceux qui s'étaient promis le mariage. *Sponsalia de futuro transeunt in matrimonium per carnalem copulam subsecutam* (1).

Cette doctrine avait une explication historique. Les anciens canonistes, s'appuyant sur un texte faussement attribué à saint Augustin (2) et sur un passage altéré de l'épître de saint Léon à Rusticus, tiraient l'indissolubilité du mariage du sacrement et prétendaient que le mariage n'était véritablement un sacrement que lorsqu'il avait été consommé par la *commixtio sexuum*, car ce n'était, disaient-ils, qu'à ce moment qu'il représentait réellement l'union du Christ et de l'Église. Hincmar de Reims, au IXe siècle, exposait cette doctrine, et Gratien, nous l'avons vu, enseignait qu'il n'y avait point mariage, *conjugium ratum*, là où n'était point intervenue l'union des sexes : *conjugium desponsatione initiatur, commixtione perficitur*. Le principe admis au XIIIe siècle de la trans-

(1) C. 15-30, *Décrétales*, l. IV, t. I ; C. 6-12, *Décrétales*, l. IV, t. II.

(2) Gratien, C. XVI, *Causa* XXVII, *qu.* 2 : *Non est dubium illam mulierem non pertinere ad matrimonium, cum qua commixtio sexus non dicitur fuisse.*

formation des fiançailles en mariage, par la *copula carnalis*, n'était qu'une survivance de cette théorie.

Mais ce n'est point ainsi que les canonistes classiques expliquaient cette transformation.

Pour la combiner avec le principe alors constant que le seul consentement faisait le mariage, ils admettaient, par une présomption irréfutable, que les fiancés avaient eu, au moment de la *copula carnalis*, la volonté de contracter mariage et que, dès lors, la seule condition nécessaire pour former le mariage existant, le mariage s'était fatalement formé ; ces sortes de mariages, à raison de la présomption sur laquelle ils reposaient, étaient appelés *matrimonia præsumpta* (1).

Ces mariages très fréquents donnaient lieu souvent à des procès scandaleux.

M. Esmein nous apprend que la jurisprudence des cours d'Église les utilisa pour transformer à coup sûr par un procédé ingénieux les unions irrégulières en mariages. « Ce procédé, qui nous est indiqué par le Registre de l'officialité de Cerisy, était le suivant. Le juge, en vertu du pouvoir disciplinaire que l'Église exerçait sur les fidèles, faisait défense à l'homme et à la femme vivant en concubinage de continuer à l'avenir ces relations sous peine d'être considérés en droit, par ce seul fait, comme mari et femme. Cela ne pouvait valoir que parce que les parties donnaient adhésion à cette sentence afin d'éviter une peine plus forte. Cette adhésion était considérée comme constituant des *sponsalia de futuro* qui, par la *copula carnalis*, se changeaient en mariage (2). »

(1) C. 30, *Décrétales*, l. IV, t. I.
(2) *Op. cit.*, t. I, p. 145.

Cette transformation n'avait lieu toutefois que lorsque les *sponsalia de futuro* avaient précédé la *copula carnalis*, car si les fiançailles étaient contractées postérieurement à la *commixtio sexuum*, le mariage ne prenait pas fatalement naissance, la *copula* conservait alors le caractère de fornication qu'elle n'avait pas dans l'espèce inverse : *sponsalia de futuro non transeunt in matrimonium per præcedentem copulam*, disait Panormitanus.

Ajoutons enfin qu'il est certain que les *sponsalia de præsenti*, surtout à partir du moment où elles furent définitivement considérées comme un véritable mariage, produisirent le même effet que la *copula carnalis*. Elles mettaient à néant les *sponsalia de futuro* pour faire place au mariage.

CHAPITRE III

Conditions de validité des « sponsalia ».

Les fiançailles étant en droit canonique un contrat purement consensuel, la validité du contrat était subordonnée à la validité du consentement. Or, pour que le consentement aux fiançailles fût valablement donné, il fallait qu'il fût libre, réciproque, qu'il émanât enfin de personnes capables.

I. — Liberté du consentement

La liberté du consentement était la première des conditions nécessaires pour la validité des *sponsalia*. Si le consentement avait été vicié par la violence, le contrat était nul et ne pouvait produire aucun effet. Pour vicier ainsi le contrat de fiançailles la violence devait présenter un certain degré d'intensité, elle devait être de nature à faire impression *in constantem virum vel in constantem feminam*. La seule crainte révérentielle envers le père ou la mère n'aurait pas suffi par elle-même à créer une cause de nullité.

C'est sans doute sur le défaut de liberté du consentement qu'il faut faire reposer cette règle en vertu de laquelle on déclarait nulles les promesses de mariage que la fille ou la femme veuve malade avait faites au médecin, chirurgien, ou apothicaire pendant sa maladie. « Ces promesses étaient présumées procéder de la force et de la contrainte que le mal apportait et de la passion violente que chacun a de sauver sa vie à l'aide de Dieu et des médecins (1). »

II. — Réciprocité du consentement

Il ne suffisait pas que le consentement fût libre, il fallait encore qu'il fût réciproque : la personne à laquelle une promesse de mariage était faite ne devait pas se contenter de l'accepter, il était encore nécessaire qu'elle en fît une semblable. « Par exemple je dis à Marie que je promets de l'épouser ; Marie accepte ma promesse et ne m'en fait aucune de sa part ; ma promesse ne m'engage pas : elle ne m'engage que quand après l'acceptation Marie m'a fait à son tour une pareille promesse de m'épouser (2). »

Cette condition tenait à la nature même des fiançailles lesquelles constituaient un contrat synallagmatique où chaque partie devait, par conséquent, s'obliger pour que le contrat pût valablement se former. Les théologiens,

(1) Fevret, *Traité de l'abus*, t. I, chap. I. — Le même auteur rapporte plus loin que la Chambre de l'Édit du Parlement de Paris, par arrêt du 13 juin 1607, annula des promesses à futur que la fille d'un nommé Lamberville avait faites en présence et du consentement de son père à La Brosse, médecin, qui la traitait pendant une maladie.

(2) Durand de Maillane, *Répertoire*, v° *Fiançailles*. Conf. *Recueil des actes, titres, mémoires, concernant les affaires du clergé de France*, t. V, col. 1100, 1101 ; Sanchez, *loc. cit.*, *disp.* 5.

en définissant les fiançailles *futuri matrimonii facta invicem promissio*, mettaient en relief la nécessité de la réciprocité des promesses.

Si les promesses n'étaient pas réciproques le contrat était nul alors même que la partie qui ne s'était pas engagée aurait voulu ratifier le contrat *ex post facto* (1). Aussi, les canonistes, refusant toute valeur à semblable promesse, disaient-ils qu'il ne fallait pas s'arrêter à l'examen des *sponsalia*, si le consentement des deux parties n'y était point intervenu (2).

III. — Capacité nécessaire pour donner le consentement

La capacité requise pour contracter fiançailles était celle nécessaire pour contracter mariage. Les fiancés devaient donc pouvoir resserrer leurs liens par le mariage, et, toute incapacité, qui aurait empêché l'union définitive, mettait aussi obstacle à la formation des *sponsalia*.

Les empêchements prohibitifs de mariage rendaient les personnes, entre lesquelles ils existaient, incapables de consentir des *sponsalia de futuro* et ouvraient la voie de l'opposition pour arrêter l'exécution des *sponsalia*

(1) Molina, t. II, *De justitiæ tractatus*, 2 *disp.*, 263 : *Si ex post facto consensus accedat, nil proderit; cum in ipso promissionis pacto debeat amborum intervenire consensus.*

(2) Gratien, C. IX, *Causa* XXXIX, *qu.* 5 : *Alterius confessione, fides judici de matrimonio fieri non potest. Quia multa licet vera sint, non tamen credenda sunt, nisi quæ manifesto indicio convincuntur, vel quæ judicario ordine publicantur.*

qui auraient été contractées au mépris de pareils empêchements. Quant aux empêchements dirimants de mariage, ils rendaient nulles les promesses qui avaient pu être faites ; le seul effet que ces dernières pouvaient produire, c'était de donner naissance à la *publica honestas*, et encore fallait-il, ainsi que nous l'avons vu, que l'empêchement dirimant, malgré lequel les promesses avaient été échangées, ne fût pas fondé sur l'absence de consentement.

Il importe toutefois de remarquer que l'empêchement, de nature à être levé par une dispense, ne mettait pas obstacle aux fiançailles : ainsi un cousin et une cousine pouvaient se promettre le mariage *de futuro*, car ils pouvaient, décemment, espérer devenir époux en demandant une dispense.

La règle, que la capacité nécessaire pour contracter fiançailles était la même que celle pour contracter mariage, recevait cependant une dérogation importante, quand il s'agissait des *sponsalia* des impubères.

Les lois romaines avaient prescrit un âge à partir duquel le mariage était possible, mais n'avaient fixé, à aucune époque de la vie, le moment où naissait le droit de faire des promesses, de s'unir par les fiançailles : *in sponsalibus contrahendis ætas contrahentium definita non est ut in matrimoniis*(1); aussi admettait-on que l'on pouvait se promettre le mariage à quelque âge que ce fût, du moment que les parties avaient l'intelligence assez développée pour comprendre la portée de l'acte qu'elles allaient accomplir, ce qui arrivait vers l'âge de sept ans, *quapropter a primordio ætatis sponsalia effici possunt, si*

(1) L. 14, *Digeste*, liv. XXIII, t. I.

modo id fieri ab utraque persona intelligatur, id est, si non sint minores quàm septem annis (1).

Le droit canonique suivit, dans l'espèce, les principes du droit romain : il admettait que l'impubère inhabile à contracter mariage pouvait se fiancer valablement, sauf cependant, nous l'allons voir, à attendre l'âge de puberté pour accomplir la promesse faite lors des fiançailles.

On s'explique aisément pourquoi le droit canonique permettait à l'impubère de contracter de bonne heure les *sponsalia de futuro*, si l'on se rappelle, qu'au moyen âge, à cette époque si souvent troublée par les guerres intestines, les mariages entre deux familles n'étaient souvent que des moyens employés pour maintenir la paix entre elles, ou pour éteindre de longues et de terribles inimitiés (2). Mais quand les enfants n'étaient pas encore en âge pour contracter mariage, les fiançailles, intervenant bien longtemps avant l'époque où l'union était réalisable, pouvaient produire les résultats qu'aurait produits le mariage; de là, la nécessité qui s'imposait d'ouvrir l'accès des *sponsalia* aux impubères.

Toutefois, cette règle ne s'introduisit pas tout d'un coup. Le droit canonique admit de bonne heure qu'il n'était pas nécessaire d'attendre la puberté pour se fiancer; mais pendant fort longtemps, il ne paraît pas avoir déterminé d'une façon précise quel était l'âge nécessaire pour se fiancer valablement. Yves de Chartres, interrogé sur la question de savoir si des enfants de six ans ou au-dessous pouvaient contracter fiançailles, hésitait pour répondre, les lois ecclésiastiques n'ayant encore rien

(1) *Digeste*, même loi.
(2) Yves de Chartres, *Ep*. XCIX; C. 2, *Décrétales*, liv. IV, t. II,

déterminé de son temps; pressé de se prononcer, il déclarait que l'on devait suivre sur ce point les lois romaines et donner aux impubères, à partir de l'âge de sept ans, la faculté de se fiancer valablement. C'est là, pourrait-on dire, une anomalie dans sa doctrine, car il assimilait les fiançailles au mariage en faisant produire, par avance, aux *sponsalia* tous les effets du *matrimonium*; dès lors, pour être conséquent avec lui-même, il n'aurait dû autoriser les fiançailles, qu'à partir du moment où le mariage était possible, c'est-à-dire à dater de la puberté. Quoi qu'il en soit, la règle posée par lui prévalut au XIIe siècle (1).

Quelques remarques sont à faire relativement à la validité des fiançailles des impubères, suivant les différentes époques auxquelles elles étaient contractées.

Les fiançailles contractées au-dessous de sept ans étaient radicalement nulles : *quia infantis nullus est consensus* et ne mettaient aucun obstacle au mariage ultérieur des fiancés avec une tierce personne (2). Bien plus, elles ne pouvaient donner naissance à la *publica honestas*, les enfants étant réputés n'avoir pas eu conscience de leur acte et n'avoir pu, par conséquent, consentir. Néanmoins, quand ces derniers avaient atteint l'âge de sept ans, ils pouvaient, par un consentement exprès ou tacite, ratifier ce qu'ils avaient fait et alors leurs fiançailles avaient la valeur des fiançailles contractées entre impubères de sept ans (3).

(1) C. 4, 5, 7, 8, *Décrétales*, liv. IV, t. II.
(2) L. 16, *Digeste*. liv. XXIII, tit. II.
(3) Panormitanus sur C. 10, *Décrétales*, liv. IV, t. II; Sanchez, *liv.* I, *disp.* XVI, nos 1 et suiv. ; C. 1. Sexte, liv. IV, t. II.

Si les fiançailles étaient contractées par des impubères âgés de sept ans, elles n'étaient pas aussi absolues que celles contractées par des pubères; jusqu'à la puberté, les choses devaient rester en l'état, le mariage ne pouvait se faire, les parties n'avaient pas d'action pour se contraindre réciproquement à exécuter leurs promesses; bien plus, elles ne pouvaient pendant l'impuberté rompre d'un commun accord le lien par lequel elles s'étaient librement enchaînées, elles étaient obligées d'attendre la *legitima ætas* aussi bien pour reprendre leur liberté que pour s'engager dans les liens plus forts du mariage (1).

Enfin, à la différence des fiançailles des pubères qui étaient définitives et n'étaient résolubles que pour certaines causes limitativement déterminées, les fiançailles, contractées par les impubères, pouvaient, au moment de la puberté, se dissoudre au gré de l'un des fiancés et sans qu'il eût besoin d'alléguer aucun motif de rupture (2). Suivant Bernardus Parmensis, le premier arrivé à la puberté pouvait manifester immédiatement son dissentiment ; Panormitanus enseignait, au contraire, que pour agir ainsi le fiancé devenu pubère était obligé d'attendre la puberté de l'autre (3). Ce droit de rompre les *sponsalia*, sans avoir à exposer de juste cause de rupture, appatenait seulement à celui qui les avait contractées pendant l'impuberté ; « si donc, dit M. Esmein, elles se contractaient entre une personne pubère et une personne impubère, les fiançailles représentaient un contrat boî-

(1) Le pape Alexandre III déclarait que si deux impubères s'étaient fiancés et demandaient à rompre leurs fiançailles avant la puberté on ne devait point accueillir leur demande (C. 7, *Décrétales*, liv. IV, t. II).

(2) Arg. C. 7, *Décrétales*, liv. IV, t. II.

(3) Esmein, *op. cit.*, t I, p. 151.

teux, le pubère étant fermement engagé, l'impubère, au contraire, pouvait résilier sans motif quand il arrivait à la puberté » (1).

Le consentement des personnes, sous l'autorité desquelles se trouvaient les futurs époux, était-il nécessaire en droit canonique pour habiliter ces derniers à contracter les *sponsalia*, comme pour les habiliter à contracter mariage?

Si nous remontons aux sources où le droit canonique a puisé, nous voyons que chez les Romains la loi défendait aux enfants de se marier à l'insu de ceux qui les avaient en leur puissance, et qu'elle leur défendait aussi de contracter les *sponsalia* sans leur autorité : *Prohibitio enim nuptiarum porrigitur ad sponsalia, ut supplentur quod orationi deest*, dit Ulpien (2).

Chez les Germains le fils de famille pouvait se fiancer seul dès qu'il arrivait à la puberté, car il était affranchi de la puissance paternelle; quant à la fille pubère, nous avons vu que ses fiançailles se passaient hors de sa présence, ses parents pouvaient même la fiancer contre son gré. Néanmoins, avec le temps, sa situation changea : sous l'influence de l'Église, on la fit intervenir au contrat de fiançailles où elle était en fait la principale intéressée; on lui demanda son consentement et on lui accorda même en quelque sorte un droit de *veto* contre les fiançailles conclues contrairement à sa volonté. Le droit canonique favorisant le mariage ne songea pas à restreindre la liberté accordée par le droit germanique aux garçons, mais il fit tous ses efforts pour augmenter celle

(1) Esmein, *loc. cit.*

(2) C. 12, *Décrétales*, liv. IV, t. II.

de la jeune fille. Il proclama que la jeune fille ne pourrait pas en principe être *desponsata* sans sa volonté à partir d'un certain âge, puis au VIIIe siècle les canons des conciles décidèrent qu'alors même que les parents l'auraient valablement fiancée sans la consulter, la *filiafamilias* pourrait refuser d'exécuter la promesse qui avait été donnée pour elle. Yves de Chartres enseigna le premier (1) et Gratien (2) partageait son avis qu'une jeune fille ne pouvait valablement être mariée par ses parents sans qu'elle y consentît, mais Gratien ajoutait que la jeune fille ne pouvait non plus se marier sans le consentement de son père. Or, suivant la coutume ecclésiastique et les usages populaires, c'était au moment de la *desponsatio* que se manifestait l'intervention des parents, c'était lors des fiançailles qu'ils donnaient leur consentement au mariage futur et ce consentement n'avait pas besoin d'être renouvelé lors de la réalisation du mariage, les parents étaient liés par la parole donnée, de sorte que, en apparence, on semblait exiger le consentement des parents pour la validité des fiançailles, alors qu'en réalité c'était le consentement au mariage qu'ils donnaient par avance. Lorsque, au XIIe siècle, on reconnut la distinction entre les deux sortes de fiançailles, les *sponsalia de præsenti* et les *sponsalia de futuro*, les fiançailles ne furent plus considérées comme un élément indispensable du mariage, mais comme un simple préliminaire habituel dont on pouvait se dispenser. Dès lors, comme c'était, suivant l'usage, au moment des fiançailles que les parents donnaient leur consentement au mariage, l'on arriva à cette conclusion que le mariage

(1) *Ep.* CCXXXIV.
(2) Gratien, *Causa* XXXI, *qu.* 2 et 3.

pouvant exister sans être précédé de fiançailles, pouvait aussi valablement se former sans le consentement des parents (1). Aussi Pierre Lombard posait-il en principe que la seule condition essentielle pour la validité du mariage, c'était le consentement des époux ; quant à celui des parents, si on le recherchait, c'était simplement pour conférer au sacrement de mariage toute la décence et toute la dignité convenables. Ce point admis, on arriva par une dernière et naturelle conséquence à décider que ce consentement n'était jamais nécessaire pour la validité des fiançailles elles-mêmes (2) et, d'après le droit canonique classique, les fiançailles passées par des parties en âge de les contracter étaient parfaitement valables sans que le consentement des parents y fût intervenu (3).

(1) D'après M. Esmein, *op. cit.*, t. I, p. 159 et 160, cet affaiblissement de la puissance paternelle aurait aussi été préparé par d'autres causes, et aurait été la conséquence de certains principes de droit canonique, savoir : que le mariage était une chose spirituelle et que, quant aux choses spirituelles, l'enfant, *jure canonico*, était dès sa puberté affranchi de la puissance paternelle : que le mariage était souvent comparé par les textes à une *servitus* et que le fils pubère pouvait se donner en esclavage sans le consentement de son père : qu'enfin le mariage étant un sacrement, il devait, de ce chef, être librement ouvert à tous.

(2) Esmein, *op. cit.*, p. 156 et suivantes.

(3) Pour être complet en ce qui concerne les *sponsalia* des impubères, il faut dire que si deux impubères avaient contracté mariage, le mariage était nul, mais que l'acte valait comme *sponsalia de futuro*. C'est ce que l'on peut conclure d'une décrétale du pape Alexandre III qui déclarait que, si deux impubères s'étaient mariés, ils pouvaient à l'âge de puberté ratifier le mariage ou se séparer, à moins toutefois qu'il n'y eût eu des relations entre eux : *nisi forte carnalis commixtio ante intervenerit*. S'ils n'avaient pas été fiancés, la *copula carnalis* au-

Telles étaient les conditions requises pour la validité des *sponsalia*.

L'usage de les porter à la connaissance des tiers fut un point considérable de la discipline de l'Église.

L'Église de France mit en pratique la première les *denunciationes* ou *banni*. Il résulte d'une réponse du pape Innocent III à un évêque de Beauvais qu'au XIIIe siècle cet usage était exactement observé en France (1). Ce pape voulut en faire une loi générale pour toute l'Église et le concile de Latran en 1215 érigea cet usage en loi.

Les autres Églises suivirent l'exemple de l'Église de France.

Le concile de Durham, en 1217, recommanda en Angleterre la publication des bans et à la fin du XIIIe siècle, en Allemagne, le concile de Cologne ordonna la publication par trois fois des promesses de mariage, dans la paroisse où le mariage devait être célébré.

Le concile de Bayeux tenu en l'an 1300 confirma en France les prescriptions du concile de Latran et détermina le temps et la manière de faire ces publications (2). Enfin le concile de Trente ordonna l'exécution du concile de Latran sur la publication des bans.

Malgré toutes ces prescriptions on n'a jamis cru que

rait eu simplement le caractère de *fornicatio* et n'aurait pas eu le pouvoir de produire le mariage.

(1) Cette réponse est contenue en partie aux *Décrétales*, C. 27, liv. IV, t. I.

(2) Can. 70, 71 : *Volumus autem quod terminus nuptiarum prætaxatus tantum continet temporis intervallum quod intra se habeat tres dies dominicos vel festivos et solemnes a se invicem distantes, in quibus quasi triburedictis perquirant sacerdotes et populo sub pœna excommunicationis de legitimitate sponsi et sponsæ qui debent conjungi vel affinitas...*

la publicité fût nécessaire pour la validité des fiançailles, quelle que fût l'utilité incontestable que l'on reconnût à cette publicité, et les nombreuses difficultés que soulevèrent les questions de bans ne furent jamais suscitées à propos de la validité des *sponsalia*, mais toujours à propos de la validité du mariage.

CHAPITRE IV

De la dissolution des « sponsalia ».

Le contrat de fiançailles n'était pas de sa nature indissoluble. Quand deux personnes se promettaient de s'épouser, c'était avec la condition sous-entendue qu'il ne surviendrait aucun événement ultérieur qui pût les empêcher d'accomplir leur promesse.

Les causes légitimes de dissolution n'étaient pas les mêmes pour tous les canonistes. Hostiensis en énumérait quatorze (1), Johannes Andrea treize seulement (2); Eustache du Bellai, évêque de Paris, les résumait dans les trois vers suivants :

Crimen, dissensus, fuga, tempus et ordo, secundas
Morbus et affinis, vox publica, cumque reclamant
Quodlibet istorum sponsalia solvit eorum.

1° *Dissensus.* — Les fiançailles constituant un contrat consensuel et synallagmatique, on admettait qu'elles pouvaient se dissoudre par le mutuel dissentiment, car la volonté peut délier ce qu'elle a lié.

Une difficulté se présentait au cas où les fiançailles avaient été fortifiées par serment (et d'après les textes

(1) *Summa*, p. 330.
(2) *Summa de sponsalibus* (*Tractatus tractatuum*, t. IX, p. 2).

ce cas était le cas le plus commun) : la résiliation par consentement mutuel ne pouvait-elle pas être considérée comme un parjure? En présence des tristes conséquences que devait produire un mariage contracté contre la volonté de deux époux, certains canonistes enseignaient que les *sponsalia* même confirmées par serment pouvaient être résiliées d'un commun accord par les fiancés; « quelque grand que soit l'engagement des fiançailles, dit saint Antonin, cela n'empêche pas que les fiancés ne soient en droit de se relâcher mutuellement de leur promesse et leur serment n'y met pas obstacle » (1). Une Décrétale du pape Innocent III montre que telle était d'ailleurs la doctrine admise (2), et cette doctrine était conforme aux principes de droit canonique, car tandis qu'il était certain que la partie liée par un serment pouvait en être déliée par celui à qui le serment avait été donné, il était aussi constant que le serment joint à un acte valable prenait la nature de celui-ci et était soumis à toutes les conditions d'existence et de validité de cet acte. La conséquence naturelle était qu'il n'y avait point parjure à rompre des *sponsalia* fortifiées par un serment, quand la rupture venait d'un consentement mutuel et réciproque.

(1) Durand de Maillane, *Répertoire*, v° *Fiançailles* (*Dissolution des*).

(2) C. 2, *Décrétales*, liv. IV, t. II : *Prælerea hi, qui de matrimonio contrahendo pure elsine omni conditione fidem dederunt aut juramentum fecerunt, commovendi sunt et diligentius exhortandi, et modis omnibus inducendi ut præstitam fidem vel juramentum factum observent, et se sicut promiserint conjungant. Si autem se ad invicem admittere noluerunt, ne forte deterius inde contingat, ut talem scilicet ducat quam semper odio habet, videtur quod ad instar eorum, qui societatem juramento vel interpositione fidei contrahunt, et postea camdem sibi remittunt, hoc possit in patentia tolerari.*

6

L'intention de rompre d'un commun accord le lien créé par les fiançailles pouvait être exprimée ou présumée. Elle était présumée quand un terme ayant été apposé aux fiançailles *ad finiendam obligationem*, les parties avaient laissé expirer le terme sans avoir poursuivi ni l'une ni l'autre, l'exécution de l'obligation contractée.

On se rappelle que les impubères engagés dans les lien des *sponsalia* étaient obligés d'attendre l'*ætas perfecta* pour retirer leur parole et reprendre leur liberté.

2° *Crimen* et *affinis*. — Par ces expressions il faut entendre toute circonstance de nature à créer un empêchement dirimant au mariage promis. Ainsi, si un fiancé avait eu commerce illicite avec une parente de sa fiancée, l'honnêteté publique s'opposant désormais à ce que le mariage promis fût célébré, il y avait là une cause légitime de dissolution des précédentes fiancailles. Certain canoniste décidait qu'en ce cas, si la partie innocente requérait la partie coupable d'obtenir dispense, celle-ci ne pouvait se refuser à la demander, parce qu'elle ne devait pas tirer avantage de sa faute : *Nemini fraus aut dolus, ut culpa patrocinari debet* (1).

3° *Fuga*. — L'absence ou l'éloignement de l'un des fiancés créait au profit de l'autre une juste cause de dissolution. On admettait en effet que si un fiancé voyageait sans aucune apparente nécessité en quelque contrée éloignée, la fiancée n'était pas obligée d'attendre son retour ; elle était par cela même dégagée de sa promesse, car en attendant, inutilement peut-être, elle pouvait perdre les occasions d'un mariage avantageux (2). Toutefois, par

(1) V. Durand de Maillane, *Répertoire*, v° *Fiançailles* (*Dissolution des*).

(2) C. 5, *Décrétales*, l. IV, t. I.

un souvenir sans doute du droit germanique, il semble, selon le sens de la glose du C. 5, *Décrétales*, l. IV, t. I que la fiancée était obligée d'attendre deux ans si son fiancé se trouvait *in eadem provincia*, et trois ans s'il voyageait *in alia provincia longe remota*. Cependant certains prétendent que le pape Alexandre III, en employant l'expression *liberum erit* sans fixer de délai, aurait voulu permettre au fiancé de se lier immédiatement à un autre (1).

4° *Tempus*. — L'obligation des fiançailles soumise à un terme extinctif prenait fin par l'arrivée de ce terme; c'était le *lapsus termini legalis vel conventionalis*.

Il fallait encore entendre par cette expression, que quand les *sponsalia* avaient été contractées purement et simplement sans l'adjonction d'aucun terme, si l'un des fiancés différait sans raison l'exécution de la promesse, l'autre était justement dégagé.

5° *Ordo*. — L'état de chasteté et de religion était aux yeux de l'Église, comme il l'est encore de nos jours, un état plus parfait que celui de mariage, et les promesses de mariage canoniques renfermant toujours cette condition tacite qu'elles ne subsisteraient qu'au cas où Dieu n'appellerait pas à cet état plus parfait, le fiancé qui voulait entrer en religion ou dans les ordres avait un juste motif de rompre les *sponsalia* dans lesquelles il s'était engagé (2).

Il y a lieu de remarquer que si tous les canonistes étaient d'accord pour déclarer que l'engagement dans

(1) Lancelot, *Inst. jur. canon. T. de sponsalibus*, § *Sed edsi*; Sanchez, *l.* 1, *disp.* 54, n° 6.

(2) C'est cette cause de dissolution que les canonistes modernes appellent *susceptio perfectioris status* (Gasparri, *op. cit.*, t. I, *De solutione sponsalium*).

les ordres sacrés ou les vœux solennels créaient une juste cause de rupture, quelques-uns, parmi lesquels saint Antonin, étaient d'avis que les vœux simples ne pouvaient produire cet effet.

6° *Secundas*. — Les fiançailles, nous l'avons vu, créaient un empêchement prohibitif au mariage que l'un des fiancés aurait voulu contracter avec un autre que son fiancé, et celui auquel on manquait de parole pouvait se servir de l'opposition pour empêcher le mariage. Si malgré lui, le mariage était quand même contracté, ce mariage n'était pas susceptible d'être annulé, mais alors le fiancé trompé était immédiatement délié de sa promesse. C'est ce que l'on exprimait en disant : *Sponsalia de futuro, etiam jurata, solvuntur per secunda sponsalia de præsenti* (1)

Le même effet se produisait si les fiançailles *de futuro* étaient suivies de nouvelles fiançailles *de futuro* transformées en mariage par la *copula carnalis*.

Celui qui avait ainsi violé la foi des fiançailles était frappé d'une pénitence : *imposita ei pœnitentia competenti, quia primum fidem irritam fecit*.

7° *Morbus*. — Un changement notable dans les fiancés était encore une cause de dissolution des fiançailles. Ce changement notable, disent les canonistes (2), pouvait se produire de plusieurs manières :

A. — *Dans l'esprit* : Quand un fiancé tombait en démence ou dans un état voisin de la démence. On admettait que le *furiosus* qui n'avait jamais d'intervalles lucides ne pouvait contracter mariage; il était tout naturel

(1) C. 22, *Décrétales*, l. IV, t. II.
(2) Durand de Maillane, *loc. cit.*

de reconnaître au profit de son fiancé une juste cause de dissolution du lien primitif, car sans cela ce dernier n'aurait pu jamais sortir de la situation malheureuse où il se trouvait (1).

B. — *Dans les mœurs* : Ainsi quand un fiancé s'était perdu de réputation soit par des accusations, soit par des jugements flétrissants, l'autre pouvait contracter de nouvelles *sponsalia*. La *fornicatio carnalis* produisait le même résultat (2) vis-à-vis de celui qui était convaincu de libertinage (*si scortator efficiatur*), et il y avait lieu d'y assimiler la *fornicatio spiritualis* imputable à la personne qui tombait dans le péché d'hérésie (3).

C. — *Dans les biens du corps* : Il fallait entendre, par cette cause de dissolution, quelque grave accident de santé ou la survenance d'une difformité dans la personne de l'un des fiancés : *si unus fiat leprosus, paralyticus, vel oculum aut nasum amittat, vel si quid turpius uni eveniat* (4). C'était là une grande différence avec le mariage qui ne pouvait être dissous pour aucun motif semblable. Saint Thomas prétendait que contraindre un homme à épouser une femme qui serait devenue toute difforme et désagréable à ses yeux ce serait peut-être l'engager dans le libertinage (5). Quant au pape Innocent III, il décidait que les défauts du corps survenant dans la personne de

(1) C. 25, *Décrétales*, l. II, t. XXIV.

(2) C. 25, *Décrétales*, l. II, t. XXIV ; Sanchez, *loc. cit.*, *disput.* 55.

(3) On allait très loin au cas de *fornicatio carnalis*, car on admettait que le fiancé était délié de sa parole même quand il apparaissait que la fiancée avait été enlevée et forcée.

(4) Lancelot, *loc. cit.* ; C. 3, *Décrétales*, l. IV, t. VIII ; C. 25, *Décrétales*, l. II, t. XXIV.

(5) Sanchez, *loc. cit.*, *disp.* 55.

l'un des fiancés autorisaient la dissolution des fiançailles, « parce que la promise n'était plus en état de plaire à son promis selon la fin pour laquelle Dieu permet le mariage » (1).

D. — *Dans les biens de fortune* : Tout changement notable dans la fortune de l'un des fiancés depuis l'échange des promesses autorisait la rupture de ces dernières.

Cette cause, qui à la rigueur s'explique lorsqu'il s'agissait d'une diminution de fortune, ne se comprend plus du tout quand c'était le cas contraire qui se produisait. Cependant s'il survenait à l'un des fiancés un riche héritage depuis les fiançailles, il était admis que celui qui profitait de cet accroissement de fortune pouvait reprendre sa parole et rechercher un parti plus en rapport avec sa nouvelle situation (2). Quelques canonistes néanmoins n'allaient pas jusque-là et n'admettaient pas un juste motif de rupture au profit de celui qui s'était enrichi (3).

De toutes ces explications il résulte que d'une façon générale toute cause qui eût empêché les fiançailles de se former si elle se fût manifestée plus tôt rentrait dans les causes comprises sous le terme générique de *morbus* et permettait la dissolution des *sponsalia* quand elle survenait après leur formation. Si les changements, soit dans les personnes, soit dans les biens, se produisaient avant, ils ne pouvaient avoir aucun effet relativement à l'existence des fiançailles, car il était de principe que l'on devait connaître ceux avec lesquels on contractait : *contrahens non potest allegare debitorem suspectum prop-*

(1) C. 25, *Décrétales*, l. II. t. XXIV.
(2) *Conférences de Paris*, t. I, l. 3, p. 192.
(3) Sanchez, *op. cit.*, *disp.* 59.

ter paupertatem præcedentem seu mores præcedentes (1).

8° *Vox publica.* — Quand la rumeur publique accusait un fiancé de s'être vanté d'avoir noué des relations illégitimes avec sa fiancée, celle-ci avait une raison suffiante pour reprendre la parole qu'elle avait donnée lors des *sponsalia*. C'est cette cause de dissolution qu'on appelait « la jactance ».

9° *Cumque reclamant.* — On se rappelle que quand les parents échangeaient des promesses de mariage au nom de leurs enfants impubères, ceux-ci devaient ratifier ces promesses au moment de la puberté pour en assurer la validité. Si le mariage promis ne leur plaisait pas, ils pouvaient manifester une volonté contraire (*reclamare*) et, sans alléguer d'autres motifs, dissoudre ainsi les *sponsalia* primitives (2).

Il est à remarquer que les causes de dissolution que nous avons énumérées, sauf le *dissensus*, étaient des causes de dissolution unilatérales, c'est-à-dire qu'elles ne créaient de juste motif de rupture qu'au profit de l'une des parties, l'autre restant tenue par sa promesse. Si donc par suite des circonstances survenues il n'existait pas d'empêchement dirimant au mariage futur, la partie qui avait un motif légitime de rompre et qui ne voulait pas en bénéficier pouvait contraindre l'autre à exécuter l'engagement pris lors des *sponsalia*. Le droit et l'obligation naissant du contrat de fiançailles au profit et à la charge de chacun des contractants, n'étaient pas, nous l'avons dit, inséparables et l'on pouvait être déchu de son droit tout en restant tenu de l'obligation. C'est

(1) Durand de Maillane, *Institutes de droit canonique*, t. IV, p. 357-358.

(2) C. 22, *Décrétales*, l. IV. t. II.

pourquoi quand la conduite coupable de l'un des fiancés (*crimen et affinis*), fournissait à l'autre un juste motif de rupture basé sur l'honnêteté publique, les canonistes prétendaient que l'innocent pouvait contraindre le coupable à demander des dispenses pour exécuter les *sponsalia*.

Ajoutons que lorsque la cause de dissolution survenue au profit de l'un des fiancés n'était pas le résultat d'un cas fortuit ou d'une force majeure, elle était forcément imputable à l'autre fiancé et pouvait souvent mettre en jeu sa responsabilité. Dès lors celui qui avait en vain compté sur la parole de l'autre pouvait, selon les principes du droit canonique, lui demander des dommages-intérêts, mais l'examen de cette question sortait de la compétence du juge d'Église et rentrait dans le domaine de la juridiction civile. Aussi n'est-il pas sans intérêt d'examiner quel était le tribunal compétent pour connaître des difficultés soulevées par les fiançailles et quelle était la procédure suivie par le fiancé déçu pour faire respecter son droit et obtenir réparation de l'offense qui lui avait été faite; c'est ce que nous verrons après avoir étudié les modifications produites dans la théorie des fiançailles par le concile de Trente.

SECTION II

Les « sponsalia » après le concile de Trente.

Le concile de Trente ne s'occupa pas directement des fiançailles, il n'en parla que d'une façon incidente à l'occasion du sacrement de mariage. Les importantes modifications qu'il introduisit dans la législation du mariage canonique eurent cependant leur contrecoup dans la matière qui nous occupe ; ce sont les effets produits sur les *sponsalia* par les nouveaux principes admis sur la célébration du mariage, que nous allons chercher à analyser.

Il faut d'abord remarquer qu'à partir du concile de Trente, la distinction des deux sortes de *sponsalia* émise par Pierre Lombard a cessé d'exister. Le concile, en prohibant les mariages clandestins et en transformant le mariage de contrat consensuel en contrat solennel, donna le coup de mort aux *sponsalia de præsenti* qui n'étaient, en fait depuis la fin du XI siècle, qu'une espèce particulière de mariages clandestins.

Quant aux *sponsalia de futuro*, elles continuèrent d'exister comme par le passé et ne cessèrent pas d'être d'un usage très fréquent.

La nature de ces fiançailles ne changea pas; ce fut toujours un contrat se formant par le libre échange des consentements et consistant dans la promesse réciproque de se prendre plus tard pour époux : *mentio et repromissio nuptiarum futurarum.* Parmi les quatre projets qui furent présentés aux Pères du concile à propos de la rédaction du décret sur les mariages clandestins, il y en avait deux qui visaient les fiançailles, et qui exigeaient, pour leur validité, la présence de trois témoins : celles qui auraient été contractées autrement *clam sine trium saltem testium præsentia* auraient été déclarées nulles : c'était exiger la solennité pour les *sponsalia* comme pour le mariage. Ces projets ne furent pas adoptés ; la congrégation du concile reconnut même expressément qu'aucune condition de forme n'était nécessaire pour la validité du contrat de fiançailles (1).

Le simple consentement suffisant pour la formation des fiançailles, la question se posa de savoir si les mariages clandestins, déclarés nuls depuis le concile de Trente pour n'avoir pas été célébrés suivant les formes prescrites, étaient susceptibles de produire quelque effet et pouvaient valoir comme fiançailles. Les contractants avaient voulu le mariage actuel, à plus forte raison avaient-ils voulu le mariage *in futuro* ; dès lors ne devait-on pas les considérer comme fiancés puisque le consentement, condition unique et suffisante des *sponsalia*, avait été échangé?

A l'appui de l'affirmative, on faisait valoir que le droit

(1) Shulte et Richter, p. 221, n° 5 : *S. C. sæpius declaravit sponsalibus per verba de futuro contrahendis nullam formam præscripsisse concilium ideoque eo modo contrahi posse quo poterant ante ipsum concilium.* Cité par Esmein, *op. cit.*, t. II, p. 223 en note.

canonique ancien considérait comme fiançailles les mariages contractés par des impubères, mariages qui étaient nuls pour défaut de consentement (1).

Cependant, la doctrine contraire prévalut : de tels mariages, disait-on, étant nuls et ne pouvaient valoir comme fiançailles. En effet, le texte même du décret déclarait que ceux qui contractaient mariage hors la présence du *parochus* et de deux témoins étaient dans l'incapacité absolue de contracter ainsi valablement; or, si on donnait à leur contrat la valeur d'un contrat de fiançailles, c'était leur maintenir une certaine capacité, ce que ne voulait pas le décret du concile : *non essent omnimodo inhabiles, sed aliquo modo et essent habiles* (2). Sanchez réfutait d'ailleurs l'argument tiré du mariage des impubères, en disant que l'acte qui manque de cause efficiente peut bien avoir quelque effet, tandis que celui qui est nul pour défaut de formes, comme le mariage clandestin, ne peut avoir aucune valeur. Mais pour M. Esmein ce fut l'esprit de réforme qui conduisit les canonistes à décider que les mariages clandestins ne pouvaient valoir comme fiançailles ; l'esprit de réforme l'emporta sur l'esprit de tradition. « On avait senti que, pour éliminer sûrement les mariages clandestins, il fallait les priver de tout effet même indirect (3).

Le concile de Trente n'apporta aucune modification aux effets produits par les fiançailles. Les *sponsalia* mettaient les fiancés dans l'obligation de s'épouser et le

(1) C. 8, *Décrétales*, l. IV, t. II.

(2) Sanchez, *op. cit.*, l. I, *disp.* 20, n° 2; Durand de Maillane, *Institutes de droit canonique traduites en français*, Lyon, 1770, t. IV, p. 304.

(3) Esmein, *op. cit.*, t. II, p. 224.

fiancé récalcitrant pouvait être contraint au mariage au moyen des censures. La législation civile s'écarta sur ce point, nous le verrons, de la législation canonique ; dès le commencement du XVIIe siècle, les parlements admirent qu'on ne pouvait contraindre personne au mariage à cause de la liberté bien entendue, qui doit régner dans les unions, et ils décidèrent que toutes les décisions des juges d'Église, qui emploieraient les censures ecclésiastiques pour obtenir l'exécution des fiançailles, seraient susceptibles d'être cassées pour abus ; les sanctions ecclésiastiques seules efficaces se réduisirent donc en pratique, dans la condamnation à une pénitence consistant dans une prière ou une légère aumône. L'Église, cependant, se reconnut toujours le droit d'employer les censures. Ainsi, au milieu du XVIIe siècle, le 30 juillet 1643, la demoiselle C... s'entendit-elle condamner par l'official d'Angers à célébrer « devant la sainte Mère l'Église apostolique et romaine » le mariage promis par elle, « à quoi faire, dit la sentence, elle serait contrainte par toutes voies dues et raisonnables, même par censures ecclésiastiques en cas de refus d'y obéir » et condamner aux dépens (1). Disons toutefois qu'après le concile de Trente, les canonistes conseillèrent l'emploi des censures d'une façon beaucoup plus réservée et en proscrivirent l'usage, quand il y avait scandale à craindre, ou qu'il résultait de fortes présomptions que l'union obtenue par ces moyens de rigueur pouvait avoir des suites funestes (2).

(1) *Recueil des actes, titres, mémoires concernant les affaires du clergé de France*, t. V, col. 805.

(2) Sanchez, *op. cit.*, *disp.* 29.

Après comme avant le concile l'obligation résultant des *sponsalia* ne fut pas susceptible d'être fortifiée par la stipulation d'une clause pénale ; mais elle resta sanctionnée par la perte des arrhes quand il y en avait eu d'échangées, et par l'empêchement prohibitif qui interdisait à l'un des fiancés le mariage avec tout autre personne que l'autre fiancé (1).

Quant à l'empêchement dirimant créé par les *sponsalia* le concile de Trente lui apporta certaines modifications. On se rappelle que la *publicæ honestatis justitia* naissait de toutes les fiançailles non conditionnelles, encore qu'elles eussent été entachées de nullité, pourvu que cette nullité ne fût pas venue du défaut de consentement; qu'elle prohibait le mariage entre un fiancé et les parents de l'autre jusqu'au quatrième degré ; qu'enfin, elle survivait à la dissolution des fiançailles quelle que fût la cause qui l'eût produite. Le concile de Trente réduisit l'étendue de cet empêchement tout en en respectant le principe ; à l'avenir, le mariage ne fut plus interdit qu'entre un fiancé et les parents au premier degré de l'autre ; Sanchez nous dit que les parents avec lesquels le mariage était ainsi prohibé étaient le père, la mère, les frères, les sœurs et les enfants de l'autre fiancé (2). De plus, les fiançailles

(1) Cet empêchement existe encore aujourd'hui dans le droit ecclésiastique. Conf. Gasparri, *op. cit.*, t. I, n°s 63 à 72. L'auteur dit que le mariage contracté *perdurante hac obligatione* serait *illicitum,* quoique *validum,* et il ajoute : *unde sponsalia constituunt impedimentum impediens matrimonium cum qualibet alia tertia persona. Hoc impedimentum dici solet* : « *Nihil transeat* », *sponsalia autem cum tertia persona irrita forent illicita et nulla utpote de re illicita et si ipsis accesserit juramentum aut copula aut utrumque nec verius valere incipiunt prioribus solitus.*

(2) Sanchez, *op. cit.*, l. III, *disp.* 69, n° 6.

nulles et quelle que fût la cause de cette nullité cessèrent de produire l'empêchement dirimant de mariage, il devint nécessaire, pour que la *publica honestas* prît naissance, que les fiançailles eussent été valablement contractées ; mais en revanche, elle continua comme autrefois de survivre à leur dissolution (1). Cet empêchement étant de droit positif ecclésiastique, il fut d'ailleurs toujours possible de le faire lever au moyen d'une *dispensatio Romani Pontificis*.

Le droit canonique antérieur admettait que les fiançailles *de futuro* se transformaient fatalement en mariage quand la *copula carnalis* intervenait entre fiancés, cette transformation pouvait-elle encore se produire depuis le concile de Trente en admettant, bien entendu, que les *sponsalia* eussent été contractées dans la forme solennelle prescrite pour le mariage, c'est-à-dire en présence du propre curé et de deux témoins? Au dire de Sanchez (2), quelques canonistes soutenaient que la *copula carnalis* avait conservé son ancien effet, l'ancienne règle, prétendait-on, n'avait pas été abolie par le concile de Trente, tandis que d'autre part, les prescriptions du concile relatives à la solennité de la célébration du mariage étaient en fait observées, les fiançailles ayant été entourées des cérémonies prescrites pour le mariage puisqu'elles avaient été conclues en présence du *proprius parochus* et de deux témoins. Néanmoins, l'opinion con-

(1) *Sessio* XXIV, *Decret. de Reform. matrim.*, C. III : *Justitiæ publicæ honestatis impedimentum, ubi sponsalia quacunque ratione valida non erant sancta synodus prorsus tollit. Ubi autem valida fuerint, primum gradum non excedant, quoniam in ulterioribus gradibus jam non potest hujusmodi prohibitio absque dispendio observari.*

(2) *Op. cit., disp.* 40, n° 6.

traire, prétendant que la *copula carnalis* avait perdu son ancien effet, prévalut avec raison, car dit M. Esmein (1), « dans l'hypothèse, quoi qu'il en fût des fiançailles, le mariage n'en était pas moins entouré de la pire clandestinité. D'autre part, en suivant les raisonnements classiques des canonistes sur ces mariages, on arrivait directement à la nullité. En effet c'était des mariages présumés, *præsumptiva*; on présumait que les parties au moment de la *copula* avaient eu et manifesté l'intention de contracter mariage ; en maintenant cette présomption et c'est tout ce qu'on pouvait, elle était dorénavant inopérante car le consentement ne s'était pas produit dans la forme prescrite par le concile ». D'ailleurs, dans la pratique, ces genres de mariages donnaient trop souvent naissance à des débats scandaleux qu'il y avait le plus grand avantage à faire cesser, les questions de preuve étant en cette matière trop délicates.

Le concile de Trente apporta donc bien peu de modifications à la théorie des *sponsalia* telle qu'elle avait été consacrée dans le droit canonique antérieur, et les fiançailles, qui à partir du xvie siècle s'affaiblirent tant dans la législation séculière, avaient gardé leur force traditionnelle en droit canonique.

Cependant, hâtons-nous de le dire, cela n'était vrai qu'en théorie, car si les principes du droit canonique conduisaient à mettre les fiancés dans la nécessité de s'épouser une fois qu'ils étaient enchaînés par les *sponsalia*, la pratique leur fournissait des moyens faciles pour éluder ces dispositions et rompre le lien créé par les fiançailles. Dans le droit ancien, en effet, les fiançailles

(1) Esmein, *op. cit.*, t. II, p. 211.

ne pouvaient être rompues que par le mutuel dissentiment ou pour certaines causes limitativement déterminées et indépendantes la plupart du temps de la volonté de celui à qui était imputable la rupture. Le concile de Trente ne modifia point les causes de dissolution que nous avons étudiées, mais déjà au XVIe siècle, et nous avons mis ce point en relief, les canonistes conseillaient aux juges d'Église de prononcer la dissolution des fiançailles qu'on ne voulait point exécuter, quand les unions qui devaient s'en suivre pouvaient avoir des suites fâcheuses, et donner sujet à scandale (1). Cette tendance ne fit que s'accroître dans la suite et la *Sacra congregatio cardinalium concilii Tridentini interpretum*, instituée à la fin du XVIe siècle, pour interpréter officiellement les décrets du concile et en surveiller l'exécution, reconnut depuis cette époque, au juge ordinaire, le droit de prononcer la dissolution des *sponsalia* toutes les fois qu'il y avait un motif sérieux et suffisant de le faire. Or, quand un des fiancés refusait de tenir sa promesse, vouloir le contraindre à célébrer le mariage c'était exposer l'autre à toutes les suites funestes d'une union qui n'était basée sur aucune affection. Il y avait là aux yeux de la *congregatio concilii* un motif suffisant pour autoriser la dissolution des fiançailles ; et comme ce motif se rencontrait dans toutes les espèces, il faut en conclure qu'en fait l'obligation créée par les *sponsalia* du droit canonique se réduisait alors à une obligation de conscience n'ayant d'effet que dans le for intérieur. On ne voit pas bien dans quel cas extraordinaire le fiancé, qui aurait épousé sa fiancée, malgré elle, aurait pu trouver dans le mariage

(1) Sanchez, *op. cit.*, l. I, *disp.* 14.

le bonheur qu'il devait espérer et la tranquillité de son foyer (1).

(1) Gasparri, *op. cit.*, t. I. n° 70 : *Dicas judicem ecclesiasticum monere potius quam cogere debere sponsum resilientem, si difficiles exitus ex hac coactione timeantur, qui profecto de regula generali timeri debent : si vero in casu aliquo particulari, ii difficiles exitus ex coactione nullatenus prævideantur, tunc tantum locum est posse applicationi censurarum.* Ce sont donc les mêmes principes qui guident nos canonistes modernes.

SECTION III

Compétence et procédure en matière de « sponsalia ».

Après avoir recherché quelle était la nature du contrat de fiançailles en droit canonique, comment il se formait, quelles obligations il créait entre les parties, il nous reste à examiner quel était le juge compétent pour connaître des difficultés que pouvait présenter son exécution, et comment la procédure se déroulait devant ce juge.

Lorsque l'Église eut acquis vers le xe siècle pleine compétence pour connaître des questions matrimoniales, l'examen des difficultés soulevées lors de l'exécution des *sponsalia* appartint au juge d'Église à raison du lien de parenté existant entre les fiançailles et le mariage. Ce juge unique avait la compétence la plus étendue ; il connaissait, non seulement de la question principale, c'est-à-dire de l'exécution des fiançailles, mais encore de toutes les questions incidentes qu'il était nécessaire de trancher avant de statuer sur la première.

Les choses se passaient simplement : la partie qui refusait d'exécuter les *sponsalia* était assignée par l'autre devant l'official. Celui-ci examinait si les fiançailles avaient eu lieu, si toutes les conditions nécessaires à leur validité étaient réunies, si aucun juste motif de dissolution n'était survenu depuis leur formation, puis sa religion éclairée, il prononçait soit la nullité ou la dissolution des fiançailles, soit leur validité, et dans ce dernier cas, contraignait la partie en faute à les exécuter au moyen des censures ecclésiastiques et même de la prison.

Le juge d'Église jugeait en vertu d'un droit propre et avec une complète indépendance par suite de l'affaiblissement de la législation séculière ; il appliquait les canons et les décrets des conciles et sa jurisprudence était la jurisprudence admise en France. Aussi, si des difficultés se présentaient relativement à l'existence de la promesse, le juge d'Église, s'appuyant sur les Décrétales (1) en autorisait-il la preuve aussi bien par témoins que par écrit ; si sa conviction n'était pas suffisamment faite, il ordonnait le serment supplétoire, et l'on admettait même, qu'à défaut de preuve, il pouvait déférer le serment décisoire (2).

Il en fut ainsi pendant cinq siècles environ ; mais à partir du xve siècle le pouvoir civil reprit des forces, et du xvie au xviie siècle, une législation importante contenue dans les ordonnances, les édits et les déclarations des rois vint statuer sur des points concernant le mariage et les fiançailles. L'Église, tout en conservant sa juridiction, la vit diminuer peu à peu au profit de la juridiction séculière ; quant à sa législation, elle ne put l'appliquer désormais qu'en la conformant aux dispositions des ordonnances.

Après comme avant le concile de Trente, les questions concernant l'exécution des promesses de mariage

(1) C. 10, *Décrétales*, l. IV, t. II ; C. 1, *Décrétales*, liv. IV, t. XIV.

(2) *Recueil des actes, titres, mémoires concernant les affaires du clergé de France*, t. V, col. 816.

rentrèrent dans la juridiction du juge d'Église. L'ordonnance de Henri IV, du mois de décembre 1606, admettait que seul l'official pouvait connaître des causes concernant les mariages : « Nous voulons, y était-il dit (art. 22), que les causes concernant les mariages, soient et appartiennent à la connaissance et juridiction des juges d'Église, à la charge qu'ils seront tenus de garder les ordonnances » et il était hors de doute que les fiançailles rentraient dans ces causes, par suite de leur liaison avec le mariage. Aussi toutes les fois que les juges royaux inférieurs voulaient porter atteinte à la compétence des juges d'Église, ils étaient réprimés par les cours supérieures ou le Conseil du roi. C'est ainsi que par arrêt de règlement du 5 mars 1633, le Parlement de Paris cassa une sentence du lieutenant-criminel du Châtelet lequel avait statué sur une question de promesse de mariage. « La Cour, disait cet arrêt, ayant égard aux conclusions du Procureur général du roi, fait inhibitions et défenses au lieutenant criminel du Châtelet de Paris, de plus à l'avenir prendre connaissance des causes où il sera question de promesses de mariage, mais lui enjoint de les renvoyer par devant l'official » (1).

On a prétendu que la compétence des juges d'Église en matière de fiançailles cessait quand les promesses avaient été échangées par des impubères pour cette raison que le juge d'Église ne pouvait connaître que du sacrement et qu'il ne pouvait être question de sacrement

(1) De Jouy, *Conférence sur les ordonnances*, p. 576 ; conf. Arrêt du Parlement de Paris du 9 juillet 1671, Arrêt du Conseil privé du 28 décembre 1684, Arrêt du Parlement de Paris du 2 août 1770, au *Recueil des actes, titres, mémoires concernant les affaires du clergé de France*, t. V, col. 944, 1008, 1070.

là où le mariage n'était pas possible par suite du défaut d'âge, qu'il ne s'agissait alors que d'une convention civile et sortant de la compétence du juge d'Église. Cette opinion contraire aux Décrétales (1) est rapportée par Fevret et après lui par Fuet, « que si les impubères désirent faire annuler les promesses et le mariage précipité, dit Fevret (2), ce n'est pas au juge d'Église qu'ils doivent se pourvoir, mais à la justice séculière, car quoique le chapitre *De illis*, qui est du pape Alexandre III, *Tit. de desponsat. impub.*, parlant des fiançailles faites entre impubères, déclare que c'est au juge d'Église de les casser, *judicio Ecclesiæ poterunt ob invicem separari*, néanmoins cela ne s'observe point en France, car le juge d'Église ne pouvant connaître selon les ordonnances que du sacrement et de ce qui regarde le lien du mariage, cela ne peut se rencontrer aux impubères qui se marient avant l'âge que les lois leur ont limité, et ainsi s'agissant plutôt de la cassation d'un contrat civil que du sacrement de mariage, le juge d'Église ne peut s'arroger aucune connaissance de ce fait purement profane » (3). Puis il cite quatre arrêts du Parlement de Dijon des 6 juillet 1584, 14 mars 1585, 29 avril 1595 et 8 janvier 1601 cassant en semblable matière tout ce qui avait été fait par les officiaux et faisant défense à tous officiaux du ressort de prendre connaissance des promesses de mariage des enfants de famille et autres personnes en puissance d'autrui s'il ne leur apparaissait par écrit du consentement des père et mère, tuteur et curateur, à peine de nullité des procédu-

(1) C. 8, *Décrétales*, l. IV, t. II.

(2) *Traité de l'abus*, t. I, liv. V, chap. I.

(3) Dans le même sens, conf. De la Combe, *Recueil de jurisprudence canonique*, au mot *Mariage*.

res. Mais si l'on examine ces décisions l'on voit qu'elles n'ont rien d'opposé à la compétence des officiaux en matière de promesses de mariage faites par des impubères ou par des mineurs. Elles s'expliquent par suite de ce principe admis par la législation séculière au XIIe siècle, que les fiançailles des mineurs pour être valables civilement nécessitaient le consentement des père, mère, tuteur ou curateur, principe que le droit canonique n'avait jamais admis. Dès lors, les officiaux ne pouvaient connaître valablement aux yeux de la loi civile et c'est là ce que veulent dire les arrêts rapportés par Fevret, que des fiançailles où ces consentements existaient, les autres étant nulles, sans valeur légale; mais il n'en est pas moins vrai qu'en principe et cette restriction faite, les officiaux avaient qualité, et eux seuls, pour connaître tant des fiançailles des impubères que de celles des majeurs (1).

Les demandes en exécution de promesses de mariage s'introduisaient par assignation devant l'official du domicile du défendeur, avec constitution de procureur (2).

(1) Conf. en ce sens, *Traité de la juridiction ecclésiastique et contentieuse*, par un docteur en Sorbonne, t. I, 2e partie, p. 125.

(2) Voici une assignation de ce genre extraite du *Recueil tiré des procédures civiles faites en l'officialité de Paris et autres officialités du royaume*, par P. de Combes. Paris, M.DCCV, p. 1 : « L'an 16(0, le... jour de... à la requête de Marie T..., fille majeure couturière, demeurant rue Beaurepaire où elle a élu domicile : j'ai F. R., huissier appariteur en l'officialité de Paris, demeurant rue..., soussigné donné assignation à François D. B., compagnon rôtisseur, aussi majeur, demeurant rue..., en parlant à... en son domicile, à comparaître à trois jours au prétoire et par devant M. l'official de Paris pour s'y voir condamner d'exécuter les promesses de mariage intervenues entre les parties, ce faisant, épouser la demanderesse incessamment en face

Le défendeur de son côté constituait également procureur.

Quand ce dernier niait l'existence des promesses, le demandeur était obligé d'en faire la preuve.

D'après les principes du droit canonique cette preuve pouvait se faire de toutes façons, même par témoins : aussi pendant longtemps les officiaux admirent-ils ce mode de preuve, et différents arrêts de parlements n'eurent aucun égard aux appels comme d'abus émis contre des sentences des juges ecclésiastiques qui ordonnaient la preuve par témoins des promesses de futur. Cependant dès le commencement du XVIe siècle une jurisprudence opposée se fit sentir : le Parlement de Dijon par arrêt du 29 avril 1519 cassait un jugement préparatoire de l'official d'Autun qui avait admis la preuve par témoins de promesses de mariage. Cette jurisprudence ne tarda pas à être confirmée par les ordonnances. Louis XIII par l'ordonnance de 1624 décida (art. 40) que les juges d'Église ne pourraient à l'avenir recevoir aucune preuve que par écrit en matière de mariage, excepté néanmoins entre personnes de basse et vile condition, pourvu que cette preuve fût faite par les parents de l'une et de l'autre portée et au nombre de six au moins ; aussi la même année un arrêt de parlement du 25 décembre cassa un arrêt de l'official du Mans autorisant la preuve testimoniale d'une promesse de mariage. Enfin l'édit du 26 novembre 1639 établit d'une façon définitive la nécessité de la preuve par écrit pour tout le monde, la restriction de l'ordonnance de 1629 étant supprimée (1) :

d'Église dans les formes de droit ; et pour en outre comme de raison afin de dépens en cas de contestation ; déclarant que maître C. D. B. est procureur et laissé copie... »

(1) Art. 7 : « Défendons à tous juges, même ceux d'Église, de rece-

les officiaux furent obligés de se conformer à cette prescription.

Quand le demandeur avait fait la preuve de l'existence des fiançailles ou quand le défendeur les avait reconnues, l'official rendait une sentence définitive et statuait sur la validité des fiançailles.

Si elles étaient valables, nous avons vu qu'il était de principe en droit canonique que le fiancé en faute pouvait être condamné à épouser sous peine d'encourir les censures ecclésiastiques les plus graves, que parfois même la contrainte par corps pouvait être employée pour vaincre sa résistance. Ces principes furent combattus par la jurisprudence civile qui voyait, dans ces condamnations, un obstacle à la liberté bien entendue des mariages. Aucun édit, aucune ordonnance ne vint contredire les règles du droit canonique à ce sujet, mais les parlements furent saisis, au moyen de l'appel comme d'abus, des sentences prononçant des censures ecclésiastiques contre le fiancé qui refusait d'épouser, ils cassèrent toutes ces décisions et imposèrent ainsi aux juges d'Église leur manière de voir. Dès lors, ceux-ci se virent dans la nécessité de s'incliner (1) et il leur fut impossible de sanctionner à l'avenir d'une façon efficace l'obligation née des *sponsalia*. Bien plus, quand une des parties, tout en déniant les fian-

voir la preuve par témoins des promesses de mariage, ni autrement que par écrit qui soit arrêté en présence de quatre proches parents de l'une et l'autre des parties, encore qu'elles soient de basse condition. »

(1) Voyez *Traité de la juridiction ecclésiastique contentieuse*, t. I, 2e part., p. 139 : arrêt du Parlement de Paris du 19 mai 1616; Bardet, *Arrêts*, t. II, chap. xv : arrêts du Parlement de Paris, des 9 juin 1637 et du 1er juin 1638; De Combes, *Recueil tiré des procédures civiles faites en l'officialité de Paris* : arrêt du Parlement de Paris, du 11 avril 1645.

çailles, déclarait dès le commencement du procès qu'elle refuserait de les exécuter dans le cas où elles seraient vérifiées, l'official se trouvait dans la nécessité de renvoyer es parties sans pouvoir ordonner la preuve des fiançailles, car il aurait vu sa sentence cassée par les parlements (1).

A plus forte raison l'usage de la contrainte par corps devint-il impossible aux juges d'Église : ils ne purent plus condamner efficacement le défendeur à exécuter les fiançailles *ante exitum carceris* (2), ni autoriser les *amenez-sans-scandale* en vertu desquels on emprisonnait le défendeur pour le forcer à exécuter sa promesse (3), cette procédure fut abolie par la jurisprudence des arrêts (4); d'ailleurs les *amenez-sans-scandale* furent même interdits d'une façon générale aux juges séculiers comme aux juges d'Église par un règlement général de l'ordonnance criminelle du mois d'août 1670 (5).

Enfin les juges d'Église ne purent jamais condamner à des dommages-intérêts la partie qui refusait sans motifs valables d'exécuter la promesse de mariage qu'elle avait faite. Le droit de prononcer sur ces dommages-intérêts n'appartenait de l'aveu de tous qu'aux seuls juges sécu-

(1) *Recueil des actes, titres, mémoires, concernant les affaires du clergé de France*, t. V, col. 205 et 810 : arrêts du Parlement de Bretagne des 10 mai 1610 et 15 décembre 1611.

(2) Le Ridant et Camus, *Code matrimonial*, t. II, p. 817 : Arrêt du Parlement de Rouen du 16 mars 1667.

(3) Arrêt du 16 décembre 1635; Fevret, *Traité de l'abus*, t. I, p. 413.

(4) Voyez Henrys, *Arrêts*, t. I, liv. II, chap. IV : arrêt rendu en forme de règlement par le Parlement de Paris, le 23 décembre 1637.

(5) Titre 10, art. 17 : « Défendons à tous juges, même des officialités, d'ordonner qu'aucune partie soit amenée sans scandale. »

liers (1), aussi quand les officiaux s'écartaient de ces principes leurs décisions étaient réformées. C'est ainsi que deux arrêts des 25 mai 1589 et 4 mai 1644 réformèrent les décisions de l'official de Chartres et de l'official de Lyon qui s'étaient prononcés sur la question de dommages-intérêts en matière de fiançailles (2). Le Parlement de Besançon donna même le 1er mars 1696 un arrêt de règlement sur la matière ; il était ainsi conçu : « La Cour fait défenses à l'official du diocèse de Besançon de prendre connaissance des dommages-intérêts des parties dans les causes de mariage et de promesses *de futuro* qui seront portées devant lui et de prononcer aussi sur le fait desdits dommages-intérêts. Fait aussi défenses à tous juges séculiers du ressort du parlement d'exécuter les sentences dudit official à cet égard... » (3). Ces solutions s'expliquent par les efforts faits par la juridiction séculière pour se rattacher l'examen des questions ne concernant pas directement le mariage et restreindre ainsi à son profit la compétence de la juridiction ecclésiastique; on prétendait que l'official ne devait avoir capacité que pour connaître des questions concernant directement le lien du mariage et les fiançailles, que les autres questions qui s'y rattachaient moins étroitement, notamment la fixation des dommages-intérêts qui pouvaient être dus à la partie lésée rentraient dans la compétence du juge séculier. Néanmoins l'official, croyons-nous, pouvait valablement connaître des dommages-intérêts quand celui qui

(1) Henrys, t. I, liv. II, *qu.* 13; Fuet, liv. II, p. 188; Soesves, *Questions*, t. II, p. 223-448.

(2) *Traité de la juridiction ecclésiastique contentieuse*, t. I, 2e part., p. 135.

(3) *Traité de la juridiction ecclésiastique contentieuse*, *loc. cit.*

avait fait les promesses de mariage était ecclésiastique, quand par exemple la partie assignée était un simple clerc tonsuré, car l'official devenait alors compétent *ratione personæ* (1). Malgré quelques arrêts en sens contraire, l'on peut dire que la jurisprudence des parlements était conforme à cette manière de voir (2).

En résumé la mission du juge d'Église se bornait donc à examiner si les fiançailles étaient ou non valables; quand l'existence et la validité du lien étaient reconnues, si l'une des parties refusait d'exécuter son obligation, il prononçait la dissolution des fiançailles et mettait les parties hors de cour sauf à se pourvoir comme elles l'entendaient devant le juge séculier pour la fixation des dommages-intérêts. Tout ce que le juge d'Église pouvait faire valablement pour sanctionner l'exécution de la promesse était de condamner le refusant aux dépens, à des prières et à une aumône en punition de la foi violée, *pro fide fracta*, et cette aumône devait être employée en œuvres pies (3).

(1) *Traité de la juridiction ecclésiastique contentieuse*, t. I, 2e part., p. 136; Pothier, t. VI, no 52.

(2) De la Combe, *Recueil de jurisprudence canonique*. Voyez aux mots *Official*, *Dommages-intérêts*, deux arrêts du Parlement de Paris du mois de février 1690, et du mois de janvier 1729.

(3) Voici une sentence de l'official de Paris tirée du *Traité de la juridiction ecclésiastique contentieuse*, t. I, p. 333 : « Extrait des Registres de l'officialité de Paris du... En la cause appelée devant nous... Entre... Parties ouïes, ensemble le promoteur, nous avons donné acte de reconnaissance des promesses de mariage et de la déclaration faite par la défenderesse qu'elle ne veut les exécuter; ce faisant, déclaré les dites promesses de mariage nulles et résolues, remis les parties en l'état qu'elles étaient avant icelles, permis à elles de se pourvoir d'ailleurs comme bon leur semblera, condamné la défenderesse pour

Telle était la procédure suivie en droit canonique pour arriver à l'exécution de l'obligation naissant des fiançailles, mais dans la pratique cette procédure donnait lieu à des incidents variés en raison des exceptions que pouvait opposer le défendeur à l'action intentée par le demandeur.

On se demandait si le juge d'Église avait qualité pour connaître de ces exceptions. Ainsi une jeune fille faisait assigner un jeune homme en accomplissement de promesses de mariage; ce dernier alléguait qu'il n'était pas obligé d'épouser, parce que depuis les *sponsalia* sa fiancée avait mené une mauvaise conduite, ou parce que cette promesse avait été obtenue de lui sous l'empire de la force et de la violence qui lui avaient été faites par les parents de la jeune fille, ou bien il s'inscrivait en faux contre cette promesse : l'official pouvait-il connaître de tous ces faits, devait-il au contraire renvoyer les parties devant le juge séculier?

Pour soutenir que le juge d'Église ne pouvait en connaître, on disait que sa juridiction ne s'étendait sur les laïques qu'en matière de sacrement et qu'elle cessait dès qu'il s'agissait de questions de fait ou de causes personnelles des laïques qui n'étaient pas spirituelles. Telle était l'opinion de Fevret : « La connaissance du juge ecclésiastique est tellement restreinte à ce qui est de *fœdere*, qu'il ne peut étendre plus avant sa juridiction aux questions de fait qui se présentent incidemment (1), et il ap-

le violement de sa foi à une aumône de 6 livres applicable à la décoration de la chapelle Saint-Nicolas de cette cour et aux dépens, sauf au demandeur son action en dommages-intérêts par devant juge compétent comme bon lui semblera, dépenses au contraire : ce fut fait et donné par nous official susdit, tenant l'audience le jour et an que dessus. »

(1) Fevret, *Traité de l'abus*, t. I, liv. V, chap. I, n° 11.

puyait son opinion en rapportant quelques arrêts qui avaient déclaré abusives les procédures de certains officiaux faites sur ces sortes de questions.

D'après un autre système généralement admis, on faisait une distinction. Quand les faits dont s'agissait étaient proposés comme une cause principale et par voie d'accusation, leur connaissance appartenait au juge séculier, parce que les parties, étant laïques, lui seul avait le droit de statuer sur ces questions ; quand, au contraire, ces faits étaient proposés par voie d'exception et de défense à la demande en exécution des promesses, on disait qu'il était de justice et d'équité que le juge compétent, pour connaître du principal, fût aussi compétent, pour connaître de l'incident, et que l'official ayant qualité pour connaître de la demande principale, devait aussi avoir qualité pour connaître des faits que l'on opposait à cette demande et pour en ordonner la preuve (1). En sorte que si l'on s'inscrivait en faux contre une promesse de mariage, si l'on prétendait que le consentement que l'on y avait donné avait été entaché de violence, si l'on opposait au demandeur sa mauvaise conduite depuis les *sponsalia*, l'official pouvait examiner tous ces faits pour éclairer sa religion. D'ailleurs, si l'official n'avait pu connaître de ces faits, on aurait condamné les parties à des frais fort élevés en les traduisant *de foro ad forum* et en les obligeant à se pourvoir pour l'instruction d'une même affaire devant deux juges différents; l'on aurait enfin réduit à néant ce principe : que les promesses de ma-

(1) Ducasse, *La pratique de la juridiction ecclésiastique*, 2e part., p. 52. — *Traité de la juridiction ecclésiastique contentieuse*, t. I, 2 part., p. 132.

riage rentraient dans la compétence du juge d'Église, car cette matière ne peut souvent être décidée, que par les faits, et si le juge d'Église n'avait pu en connaître, il n'aurait pu, la plupart du temps, se prononcer sur l'exécution des *sponsalia*. C'est en se fondant sur ces considérations, que le Parlement de Paris, par son arrêt du 2 juillet 1633, jugea qu'un jeune homme, assigné en accomplissement de promesses de mariage devant l'officialité de Paris, et qui opposait par voie de défense la mauvaise conduite de sa fiancée, devait faire la preuve de ce fait devant l'official et non devant le lieutenant-criminel du Châtelet dont le parlement cassa la procédure pour incompétence (1). L'arrêt, quoique en opposition avec la doctrine de Févret, est rapporté par lui (2). Le même parlement avait déjà jugé le 8 juin 1626, conformément aux conclusions de l'avocat-général Talon que l'official pouvait sans abus connaître de l'inscription de faux formée incidemment à une demande en exécution de fiançailles (3).

(1) Conf. Du Fresne, *Journal des audiences*, t. I, liv. II, chap. CXL. — *Traité de la juridiction ecclésiastique contentieuse, loc. cit.*

(2) *Traité de l'abus*, t. I, liv. V, chap. I, n° 11.

(3) *Recueil des actes, titres, mémoires, concernant les affaires du clergé de France*, t. V, col. 1101.

TROISIÈME PARTIE

Les fiançailles dans notre ancien droit civil.

En étudiant la législation des fiançailles en droit canonique, nous l'avons étudiée dans notre ancien droit français, puisque du xe au xvie siècle, le droit canon était seul appliqué en France par suite de la désorganisation absolue de la justice séculière ; aussi nous ne reviendrons pas sur ce que nous avons dit au sujet de la nature, de la formation, des conditions de validité, et des effets du contrat de fiançailles.

L'examen de la procédure suivie pour arriver à l'exécution des *sponsalia* nous a cependant permis de constater par avance que, dans le courant du xviie siècle, la législation civile, qui commençait à reprendre ses droits, vint contrarier les principes du droit canonique relatifs à l'exécution de l'obligation naissant des fiançailles, principes qui avaient été jusque là confirmés par les parlements lorsque les sentences des juges d'Église avaient été portées devant eux à ce sujet. Cette divergence se manifesta quand les parlements eux-mêmes, changeant leur manière de voir, et s'appuyant sur la liberté qui doit régner au moment de la formation du mariage, supprimèrent l'emploi des censures et des moyens de contrainte dont se servaient les officiaux, et se bornèrent à allouer des dommages-intérêts au fiancé qui réclamait l'exécution des fiançailles. Le moment est venu d'insister sur cette jurisprudence pour ne pas laisser de lacune dans l'étude que nous essayons de faire, et de rechercher les mobiles qui inspirèrent cette jurisprudence.

Les fiançailles, aux yeux des jurisconsultes des XVIIe et XVIIIe siècle, comme aux yeux des canonistes, donnaient toujours naissance à une obligation réciproque d'épouser. C'est là un point certain qui, du temps de Pothier, ne faisait l'objet d'aucune discussion. « Le principal effet que produisent les fiançailles est qu'elles forment dans chacune des parties un engagement réciproque d'accomplir sa promesse lorsqu'elle en sera requise par l'autre partie : d'où naît une action que chacune des parties a contre l'autre pour l'obliger à l'accomplir. Cet effet dérive de la nature des fiançailles qui sont un contrat synallagmatique » (1). La législation ecclésiastique, considérant que par suite de l'importance du mariage les fiançailles ne devaient être consenties qu'après mûres délibérations, que dès lors la foi due à la parole donnée devait être respectée, avait admis que tous les moyens qu'elle avait à son service étaient bons pour contraindre au mariage le fiancé qui refusait d'exécuter ses engagements sans alléguer à l'appui de son refus de motifs valables : amendes, censures, prison même, toutes les voies de rigueur pouvaient être employées.

C'était sans doute par une conséquence naturelle de cette tendance que l'Église avait toujours eue de pous-

(1) Pothier, *Du contrat de mariage*, n° 48.

ser au mariage pour éviter les dangers inhérents au célibat. La jurisprudence civile, au contraire, vint introduire cette idée que, quelque respectable que fût l'obligation née des fiançailles, cette obligation, si on la poussait dans ses applications les plus étendues, se heurtait à quelque chose de plus sacré encore, le principe de la liberté des mariages, liberté qui devait dominer d'une façon absolue au moment des unions et que rien ne devait entraver. Et les jurisconsultes de faire ressortir les inconvénients des mariages pratiqués par contrainte. « L'on peut bien condamner par jugement la partie refusante à solenniser le mariage, mais qui lui donnera l'affection conjugale qui rend le mariage heureux ? *Amor non imperatur* : les volontés sont libres : les contraintes n'ont point de prise sur l'esprit : les mariages dépendent de la liberté du consentement... quelle inhumanité serait-ce d'unir par force des esprits divisés pour les consommer dans une vie languissante et faire que *complexu in misero, lenta quoque nocentur* » (1). Aussi, se basant sur le canon *Requisivit*, ils prétendaient qu'il ne fallait point employer les contraintes dont s'étaient servis jusque-là les officiaux. « Et ainsi pour ne point engager les parties aux fâcheux détours d'un si inextricable labyrinthe, il vaut mieux souffrir avec patience le changement de leurs affections que de les forcer malgré eux à solenniser un mariage *cui non libera voluntas sed truculentæ necessitatis manus stylum suum imposuerit* : autrement ce serait imiter ces jeux cruels de la fortune :

(1) Fevret, *Traité de l'abus*, t. I, part. V, chap. I, n° 20.

Cui placet impares
Formas atque animos, sub juga aliena
Sævo mittere cum joco » (1).

C'est pourquoi les parlements, saisis au moyen de l'appel comme d'abus des questions d'exécution de fiançailles, mirent-ils leurs décisions en concordance avec la nouvelle doctrine, et imposèrent-ils aux juges d'Église, comme nous l'avons vu, l'obligation de ne plus employer les censures ecclésiastiques ou la prison pour contraindre au mariage, en cassant toutes les décisions qui ordonnaient ces moyens de contrainte (2). « Nous avons rejeté en France, dit Pothier, le chapitre x, *Extr. de spons.* qui permet aux juges d'Église d'employer cette voie. Parmi

(1) Fevret, *loc. cit.*

(2) Voyez Arrêts du Parlement de Paris des 19 mars 1616, 1er juin 1638, 30 juillet 1645; Arrêts du Parlement de Dijon des 11 décembre 1668, 20 mai 1675, 6 février 1681. Ces arrêts sont rapportés au *Code matrimonial* de Le Ridant et Camus au mot *Promesses de mariage*, § 1.

Le 1er juin 1638, l'avocat-général Bignon faisait ainsi dans ses conclusions remarquer au Parlement de Paris la situation d'une jeune fille condamnée par l'official de Langres à exécuter des promesses de mariage sous peine des censures de l'Église : « Cette jeune fille se trouve réduite en deux extrémités, ou bien d'épouser un homme qu'elle ne peut aimer, ou de souffrir un anathème et de sentir l'éclat et la foudre des censures ecclésiastiques; l'un et l'autre de ces périls est presque égal sinon que l'un, le plus grand et le plus périlleux en apparence, est néanmoins celui auquel le remède est le plus facile : car bien que l'anathème et l'excommunication soient la mort de l'âme et la perte de la vie chrétienne, néanmoins, on peut y remédier et procurer son absolution; et au contraire contracter mariage avec une personne pour laquelle on a de l'aversion et de la haine, c'est s'attacher à la gehenne continuelle et se procurer un supplice évident et perpétuel, tellement que l'appelante a raison de s'éviter la chute dans l'une de ces extrémités » (V. *Recueil tiré des procédures civiles faites*

nous, l'official doit se contenter des voies d'exhortation : et si la partie persiste dans un refus il doit prononcer la dissolution des fiançailles en lui imposant une pénitence, pour son manque de foi, qui consiste dans quelques prières ou légères aumônes. Ce manque de foi doit être toléré comme un moindre mal pour éviter de plus grands maux que pourrait occasionner un mariage qui serait contracté par contrainte » (1).

Mais si les moyens de contrainte usités autrefois ne pouvaient plus être employés valablement pour arriver à l'exécution de l'obligation naissant des fiançailles, cette obligation n'en restait pas moins sanctionnée d'une façon assez énergique par l'allocation de dommages-intérêts au profit de la partie trompée, dommages-intérêts pour l'examen desquels la juridiction séculière était seule compétente.

Il est intéressant de constater en vertu de quel principe la jurisprudence des parlements allouait ces dommages-intérêts.

Ce n'était point simplement comme on pourrait le croire, parce qu'un dommage avait été causé à l'une des parties qu'ils étaient dus ; en d'autres termes, ce n'était point en se basant sur l'idée d'un quasi-délit commis par le fiancé qui refusait d'exécuter sa promesse que les juges pouvaient condamner ce dernier à des dommages-intérêts ; ces dommages-intérêts étaient dus en vertu de ce principe de droit alors admis, qui obligeait celui qui avait contracté une obligation de faire à fournir l'équivalent de sa promesse, s'il venait à retirer sa

en l'officialité de Paris et autres officialités du royaume, par P. de Combes, p. 22).

(1) Pothier, *Du contrat de mariage*, n° 51.

parole et refuser d'exécuter le contrat, l'obligation naissant des fiançailles étant d'ailleurs regardée comme une obligation de faire. « Mais comme toutes promesses *in faciendo* se résolvent en intérêts si elles ne sont accomplies *l. cert. de. reb. credit. et si cert. petatur*, on suit le conseil de Servius Sulpitius, *lib. de dotibus* : lequel disait que celui qui refusait d'accomplir les promesses qu'il avait faites à une femme ou à une fille de l'épouser *interposita stipulatione* était condamnable aux intérêts » (1). « Tout ce que les promesses de mariage peuvent entraîner sans porter atteinte à l'autonomie de la personne, c'est-à-dire sans violer les principes juridiques qui résolvent normalement en dommages-intérêts les obligations de faire, elles l'entraînent, dit M. Giraud en parlant des effets des fiançailles dans notre ancien droit » (2). Et Fournel, montrant que de son temps l'action accordée à la fille abusée ne dérivait que de la présomption d'une promesse de mariage ajoutait : « ce pacte n'est autre chose qu'un contrat appelé en droit *facio ut facias*, par lequel l'une des parties consent de faire une chose, à condition que l'autre en fasse une autre. L'action qui dérive de ce contrat est nommée *actio civilis in factum prescriptis verbis*... qui a pour objet, non de contraindre la partie réfractaire à faire ce qu'elle s'est obligée de faire, mais à payer les dommages-intérêts qui contrebalancent le préjudice résultant de l'inexécution » (3).

Aussi tout l'équivalent qui pouvait être donné de la prestation non accomplie l'était ; les dommages-intérêts étaient calculés d'une façon très large et basés sur le

(1) Fevret, *loc. cit.*
(2) Giraud, *Des promesses de mariage*, p. 17.
(3) Fournel, *Traité de la séduction*, I part., chap. I.

préjudice tant moral que matériel qu'avait pu éprouver la partie trompée.

« Les dépenses que les recherches de mariage ont causées, dit Pothier, pendant tout le temps qu'elles ont duré à celui qui se plaint de l'inexécution des fiançailles, et la perte du temps qu'elles lui ont causée sont les objets les plus ordinaires de ces dommages-intérêts. L'affront que souffre la partie à qui on a manqué de foi y peut aussi quelquefois entrer, dans le cas auquel il y aurait lieu de craindre qu'il ne pût nuire à son établissement avec quelque autre » (1). Le préjudice causé était surtout considérable pour la femme quand les fiançailles avaient été suivies de cohabitation et qu'un enfant était né des relations; il fallait, en effet, penser à réparer l'affront fait à la femme et en même temps à pourvoir à la subsistance de l'enfant, ce à quoi rien ne s'opposait, la recherche de la paternité étant alors permise. Aussi, ne doit-on pas être surpris de l'élévation du chiffre des dommages-intérêt alloués par les arrêts dans les espèces de ce genre (2).

Quand on sait en vertu de quels principes ces dommages-intérêts étaient alloués et dans quelles limites, on se demande si vraiment la défense faite par la jurisprudence des parlements aux officiaux d'employer les censures, l'excommuuication ou la prison pour contraindre au mariage celui qui négligeait de tenir ses engagements, l'avait été sur la pensée que ces sanctions pouvaient nuire à la liberté du mariage. Qu'on sanctionne l'inexécution de la promesse par des censures, ou qu'on la

(1) Pothier, *Du contrat de mariage*, n° 52.

(2) Voir les nombreux arrêts rapportés au *Code matrimonial* au mot *Promesses de mariage*, § 3. On trouve nombre de condamnations à 4.000, 5.000, 10.000, 20.000 livres de dommages-intérêts.

sanctionne par des dommages-intérêts alloués d'une façon aussi large qu'on l'a vu, la différence au point de vue du résultat final n'est pas grande ; et il n'en pas moins vrai que la liberté qui, disait-on, devait présider au mariage, était, dans l'un comme dans l'autre cas, aussi sérieusement compromise. Si l'on se rappelle qu'à cette époque, la justice séculière s'efforçait par tous les moyens possibles de regagner le terrain qu'elle avait perdu, ne serait-il pas plus exact de voir dans cette jurisprudence des parlements une façon détournée de restreindre la compétence de la juridiction ecclésiastique, ou de diminuer du moins sa puissance d'action, sous prétexte de ne pas gêner la liberté du consentement au moment du mariage ; car si en réalité la justice séculière avait craint d'entraver cette liberté elle aurait, du même coup, supprimé les dommages-intérêts qui peuvent lui porter aussi gravement atteinte que les moyens de rigueur dont se servaient les officiaux (1). En fait, on ne voyait aucune opposition entre le respect dû aux fiançailles et la liberté des mariages ; la meilleure preuve en est qu'elles étaient toujours très en usage comme par le passé, elles étaient même tellement entrées dans les mœurs qu'elles étaient l'occasion d'une fête pour les familles des deux futurs époux et Saint-Simon nous raconte avec quelle magnificence Louis XIV célébrait les fiançailles des enfants de

(1) Cette idée paraît d'autant plus naturelle lorsqu'on se rappelle que, pour la question de dommages-intérêts, la juridiction séculière était seule compétente ; dès lors, en supprimant l'emploi des contraintes ecclésiastiques, les parlements enlevèrent du même coup toute utilité à la solution des débats portés devant l'official en matière de fiançailles. Ce dernier statuait sur la validité du contrat, et c'était tout.

France. Aussi a-t-on pu dire en parlant de l'usage des fiançailles dans l'ancien droit : « ces générations ne virent aucun antagonisme entre la validité des fiançailles et la liberté des mariages, entre ce double acte de volonté contradictoire au premier abord si l'on veut. Cette volonté mise en présence d'elle-même ne leur paraissait pas se détruire forcément. C'est qu'ils avaient du consentement au mariage sans doute une idée différente de celle que s'en font les adversaires des fiançailles; ils voulaient que ce consentement fût éclairé et pour cela, que l'accès ordinairement difficile entre jeunes gens et jeunes filles fût facilité et qu'une fréquentation fût permise au prétendant sérieux. Le moyen de s'assurer de la sincérité du prétendant et par suite d'obtenir cette fréquentation c'était les fiançailles qui marquent ainsi une phase de la civilisation correspondante à la situation des femmes qu'on a cessé de tenir absolument en charte privée, mais qui n'ont pas encore la libre allure du jeune hommes » (1).

Néanmoins, à l'approche de la Révolution, les fiançailles furent frappées d'un discrédit qui fit qu'à la fin du XVIIIe siècle, on ne les regarda plus que comme une simple cérémonie sans importance, et qui contribua à préparer leur disparition complète, si bien que, lors de la rédaction du Code civil, on les laissera de côté et qu'il n'en sera point question à propos du mariage.

Les causes de ce discrédit, M. Giraud les expose nettement dans l'étude que nous avons déjà eu l'occasion de citer. D'après lui, on pourrait les ramener à trois : l'abus fait de l'institution, la sécularisation du mariage, enfin l'établissement du divorce.

(1) Giraud, *op. cit.*, p. 12.

Nous avons vu qu'autrefois les parents pouvaient fiancer leurs enfants, la validité du contrat n'étant subordonnée qu'à la ratification des enfants consentants et pubères. C'était donner aux parents des droits bien étendus, car en admettant qu'ils ne se laissassent guider que par le bonheur et l'intérêt bien entendu de leurs enfants, il leur était difficile, quand ces derniers étaient en bas âge, de prévoir quelle union pourrait leur être la meilleure et leur apporter le bonheur. Combien, au contraire, sacrifiaient l'avenir de leurs descendants à leurs intérêts politiques ou à leur convenance personnelle. A une époque où les fortunes étaient diminuées par des guerres perpétuelles et où il fallait cependant soutenir la splendeur du nom, les fiançailles ainsi faites devaient avoir trop souvent pour but de relever le prestige d'une famille illustre peut-être, mais près de la ruine. Et quand les enfants atteignaient la puberté, ils préféraient, sous l'empire de la crainte révérentielle qu'on leur avait inspirée dès l'âge le plus tendre, ratifier ce que leurs parents avaient fait, plutôt que de s'exposer à leur mécontentement et souvent à leur colère.
« A côté des fiançailles des futurs époux, il y avait celles des parents, coutume singulière déjà par le nom seul et reste d'un état de civilisation où l'autorité paternelle opprimait l'initiative de la jeune génération jusqu'à la supprimer. Les parents fiançaient leurs enfants et on comprend à quel âge ce devait être, comme sous quels mobiles... Le futur et la future intervenaient par simple acquit de conscience parce qu'on ne pouvait se passer d'eux : mais il est bien évident que l'harmonie des caractères et les sympathies personnelles étaient le moindre des soucis dans une opération où l'on n'avait affaire

qu'à des enfants » (1). Ces sortes de fiançailles, qu'on ne supportait qu'à regret au moyen âge et par suite de l'autorité pour ainsi dire despotique du chef de famille, durent être vues d'un très mauvais œil au XVIIIe siècle, quand la tendance à l'émancipation de l'individu commença à se faire sentir ; et les esprits, sans s'attacher à faire une distinction qui s'imposait, englobèrent dans leur mépris l'institution des fiançailles en général, ne distinguant point celles qui étaient consenties par les parents, de celles qui étaient consenties par les parties en âge de comprendre leurs intérêts et de s'unir au gré de leurs inclinations.

Ce discrédit ne fit que s'accentuer lors de la réaction anti-catholique, quand la Révolution à ses débuts vint remplacer le mariage religieux par le mariage civil, en déclarant que la loi ne reconnaissait plus que le mariage civil. On voyait alors d'un si mauvais œil tout ce qui avait un caractère religieux, que les fiançailles, par suite de la bénédiction du prêtre dont elles étaient presque toujours accompagnées, se trouvèrent associées à ce discrédit. « Croyez-vous, dit M. Giraud, que cette réprobation contre les pratiques religieuses se rattachant au mariage se soit restreinte à son véritable objet et n'ait pas englobé les fiançailles avec le sacrement, les promesses faites avec les promesses réalisées ? Ce serait bien étonnant qu'il en eût été ainsi et il est plutôt à croire que le prélude ordinaire du mariage quoiqu'il ne dépendît pas absolument de l'autorité religieuse, partagea le discrédit qui frappait celle-ci et qu'on évitât de plus en plus de se fiancer comme on évitait de se marier à l'Église, pour ne pas paraître rendre hommage à un pouvoir mal

(1) Giraud, *op. cit.*, p. 20.

vu et devenir complice d'une foi si tristement intolérante hier encore » (1).

Enfin la loi de 1792 sur le divorce vint donner le coup de grâce à l'institution des fiançailles. Cette loi ouvrait la porte toute grande au divorce en l'autorisant non seulement pour causes déterminées et par consentement mutuel, mais encore par la seule volonté de l'un des époux, sous prétexte d'incompatibilité d'humeur. C'était aller contre l'indissolubilité du mariage lui-même en donnant à l'une ou l'autre des parties le moyen de le rompre à son gré. Il n'était plus vrai de dire que le mariage engageait les volontés; et dès lors les fiançailles ne pouvaient plus se comprendre. Comment en effet aurait-on pu reconnaître à l'obligation résultant de l'échange des promesses une force que n'aurait pas eu le mariage; comment aurait-on pu mettre celui qui aurait refusé d'exécuter les fiançailles dans la nécessité de payer des dommages-intérêts, quand il ne tenait qu'à lui de contracter le mariage pour pouvoir ensuite abandonner impunément son épouse?

Aussi n'est-il pas étonnant que, par suite de toutes ces préventions accumulées, l'institution des fiançailles, dont l'origine remontait si loin, tomba en désuétude; les *sponsalia* d'autrefois ne furent plus regardées à la fin du XVIIIe siècle que comme une pure cérémonie sans importance, dont la Révolution, avec son soi-disant esprit de liberté individuelle, inaliénable et imprescriptible emporta les dernières traces.

(1) Giraud, *op. cit.*, p. 23.

QUATRIÈME PARTIE

Les promesses de mariage dans notre droit actuel.

CHAPITRE PREMIER

Les fiançailles existent-elles encore? Promesses de mariage.

Les fiançailles, telles que nous les avons étudiées jusqu'ici, n'ont plus aujourd'hui d'existence légale, il n'en est point question dans le Code civil au titre *Du mariage* où elles trouveraient leur place naturelle et leur nom ne figure pas dans la liste des contrats.

Cependant, on peut dire que si elles n'existent plus dans la législation, elles existent encore dans les mœurs. L'homme et la femme qui vont se prendre pour époux ne sont point de nos jours étrangers l'un à l'autre jusqu'au moment où ils se présenteront devant l'officier de l'état civil pour la célébration de leur union. Avant ce moment solennel, des démarches ont lieu, des entrevues sont ménagées, des présentations faites. Il y a tant de choses à considérer au moment de réaliser cet acte important! Ceux qui y voient surtout la création d'un foyer, cherchent à se connaître, à s'apprécier ; ceux qui n'y voient que l'union de deux noms, le rapprochement de deux fortunes, envisagent les convenances personnelles, la noblesse des titres, l'étendue et la valeur des biens; puis ces questions préliminaires résolues, il y a pour tous, enfin, après ce que nous appelons des « demandes en mariage », des consentements et des promesses échangées de part et d'autre, avant le consentement solennel et définitif qui fait le mariage. Ces échanges de consentement sont rendus publics quelque temps avant le mariage par les publications à la mairie, et le législateur, en prescrivant ces publications, en imposant un certain délai entre ces publications et le mariage, rend nécessaires l'entente des futurs époux et l'accord de leurs volontés, quand cet accord n'existait pas déjà.

Il est donc vrai de dire que ce que nous appelions autrefois fiançailles n'a pas disparu en réalité de l'ordre naturel des choses; les promesses de mariage sont des fiançailles, si bien que le langage usuel a conservé le mot fiancés pour désigner les personnes qui se sont promis réciproquement de se prendre plus tard pour époux.

Les promesses ainsi échangées peuvent mettre en jeu une foule d'intérêts pécuniaires et moraux, soulever des questions importantes et délicates quand le mariage ne s'ensuit pas; et, chose curieuse, le Code civil ne nous fournit aucun renseignement pour résoudre les difficultés qui peuvent surgir alors qu'il semble imposer les promesses elles-mêmes par suite des formalités qu'il prescrit avant la célébration de l'union future.

Il résulte cependant des travaux préparatoires que les corps délibérants avaient reconnu l'importance des promesses de mariage bien qu'ils ne les eussent envisagées qu'à un point de vue tout spécial, et qu'ils s'étaient proposé de les réglementer. Il n'y a qu'à lire la séance du Conseil d'État du 17 novembre 1801 pour s'en convaincre. Pendant cette séance, où il était question de la rédaction de l'art. 340 sur la recherche de la paternité, la matière des promesses de mariage fut abordée directement.

Le consul Cambacérès dit qu'avant d'entrer dans la discussion sur la recherche de la paternité, il était nécessaire de se prononcer sur le cas où la grossesse avait été précédée de promesse de mariage, qu'il importait que le cas fût prévu et décidé pour savoir s'il y avait là un juste motif de contrainte, pour déclarer si le mariage avec la personne séduite était alors obligatoire. M. Tronchet fit observer qu'on avait proposé de décider que les promesses de mariage ne donneraient lieu qu'à des dommages-intérêts. M. Réal prétendit que les dispositions sur la matière devaient être renvoyées au titre *Des Actions*. MM. Boulay et Régnier émirent aussi leur opinion (1.)

M. Giraud, rapportant les paroles des orateurs, ajoute : « Les promesses de mariage paraissaient aux cinq orateurs dignes d'une réglementation ; aucun ne les considère comme inexistantes, comme sans valeur, et ne méritant pas qu'on s'en occupe, encore bien moins comme suspectes et immorales » (2).

Il est donc surprenant qu'après cela le texte de nos

(1) Fenet, t. X, 77 et suiv.
(2) *Op. cit.*, p. 26.

lois codifiées n'en parle pas; cependant le consul Cambacérès insistait pour qu'elles y trouvassent place, le cas devant d'après lui être prévu et décidé.

Puisque le Code garde le silence le plus absolu sur les promesses de mariage, puisqu'il n'en parle ni pour les autoriser et les réglementer, ni pour les prohiber et les déclarer inefficaces au point de vue d'un lien civil, il importe d'examiner quelle peut être la valeur des promesses ainsi faites, quelle est la nature de la convention passée et quelles sont les suites que pourra avoir la rupture de cette convention. L'un des fiancés pourra-t-il impunément manquer à sa parole; pourra-t-il, au contraire, être contraint d'exécuter le mariage ou tout au moins être condamné à des dommages-intérêts envers la personne qui a eu confiance en lui et qui pourra souffrir de son abandon?

CHAPITRE II

De la valeur juridique des promesses de mariage.

La convention par laquelle deux personnes majeures se promettent réciproquement de se prendre pour époux est-elle valable? a-t-elle une existence légale? établit-elle entre les parties un lien de droit susceptible de donner naissance à une action?

La question a son importance, qu'il est utile de préciser. Dire que les promesses de mariage sont valables ne signifie pas que celui que nous appellons encore aujourd'hui le fiancé, pourrait faire opposition au mariage que son fiancé, voudrait contracter avec un étranger: dans notre droit civil il n'y a d'empêchements au mariage que ceux qui sont spécialement déterminés par un texte et le silence du Code relativement à l'empêchement qui existait dans notre ancien droit nous indique clairement que cet empêchement n'existe plus aujourd'hui. Ce n'est pas prétendre non plus que celui qui aurait ainsi donné sa parole pourrait être contraint *manu militari* à exécuter sa promesse et à consentir au mariage. L'exécution consisterait en effet dans un fait dépendant absolument de la volonté de celui qui se serait engagé, fait qui supposerait son concours volontaire et à l'exécution duquel on ne pourrait le contraindre directement: *Nemo potest præcise cogi ad factum*. Tout le monde est d'ailleurs d'accord sur ces deux points et ce n'est point là que se sont portées les discussions. Mais le fiancé qui a vu son attente déçue a pu éprouver un préjudice, parfois même manquer une situation avantageuse en comptant sur la foi de l'autre et de la solution de la validité juridique des engagements donnés dépend celle de savoir si le fiancé malheureux aura une action pour obtenir la réparation du préjudice qu'il a souffert, pour obtenir la compensation des avantages que le mariage promis lui a fait manquer. C'est là le véritable point de vue auquel il faut se placer.

Dans l'étude de la solution de ce problème il est deux principes importants qu'il ne faut pas perdre de vue : c'est, d'une part, le principe du respect dû à la parole donnée, et d'autre part le principe de la liberté entière avec laquelle le consentement doit être donné au moment de la formation des contrats. Ces deux principes qui ne semblent pas contradictoires au premier abord sont en opposition complète l'un à l'autre dans la matière qui nous occupe. Je vous ai promis le mariage, si la convention que j'ai passée avec vous m'enchaîne et m'oblige à vous indemniser au cas où je ne tiendrais pas ma parole, est-il vrai de dire que le consentement que je donnerai lors du mariage, au moment où nous nous présenterons devant l'officier de l'état civil pour célébrer l'union sera dégagé de toute contrainte. D'un autre côté, si je manque à ma parole, parce que la loi me donne ce droit, sans que vous puissiez vous en plaindre, à quoi aura servi ma promesse, promettre ne sera donc plus qu'un vain mot?

Deux opinions ont été émises sur la question qui nous intéresse, l'une, hâtons-nous de le dire, est aujourd'hui presque complètement abandonnée.

Les auteurs qui ont traité des promesses de mariage après la confection du Code civil les ont considérées comme un contrat synallagmatique valable, générateur par conséquent d'obligations (1).

Leur raisonnement est bien simple et s'appuie sur les principes généraux du droit en matière d'obligations. Le contrat, nous dit le Code civil, art. 1101, est une convention par laquelle une ou plusieurs personnes s'obligent envers une ou plusieurs autres à donner, à faire, ou à ne pas faire quelque chose; quand nous avons en présence deux personnes qui se sont réciproquement engagées à se prendre pour époux, c'est-à-dire à donner plus tard leur consentement au mariage, il y a, semble-t-il, une obligation de faire convenue entre deux parties, nous sommes dans les termes même du Code et il y a contrat. Ce contrat d'ailleurs est valablement formé, car si nous supposons les parties majeures quant au mariage, nous trouvons tous les éléments nécessaires pour la validité des conventions : le consentement existe, lorsque la promesse a été échangée entre les fiancés expressément ou tacitement; l'objet est certain, c'est le consentement futur à donner au moment de la réalisation du mariage, c'est le « oui » à prononcer devant l'officier de l'état civil; la cause enfin est licite, car la promesse de mariage nécessitant le rapprochement antérieur des futurs époux, ouvrant le champ aux sympathies privées, favorise le mariage et facilite les unions durables, ce qui n'a rien que de conforme à l'ordre public et aux bonnes mœurs.

Dès lors la promesse de mariage est parfaitement valable; elle engendre des obligations et comme tout con-

(1) Toullier, t. VI, n° 300; Merlin, *Répertoire*, v° *Peine contractuelle*; Zachariæ, § 457, texte et note 6.

trat synallagmatique donne naissance au profit de chacune des parties à une action civile pour contraindre à l'exécution celle qui se dérobe sans motifs sérieux. Pour que les promesses de mariage ne puissent rentrer dans le droit commun, il faudrait un texte qui vienne le dire, et ce texte n'existe nulle part.

Cette thèse avait pour elle le passé : on avait encore présentes à la mémoire au commencement du XIXe siècle les fiançailles d'autrefois, et le silence du Code semblait une consécration de ce qui existait jadis. Ce silence s'interprétait d'autant mieux dans ce sens qu'au cours de l'élaboration par l'Assemblée constituante d'un projet de loi relatif aux empêchements en matière de mariage, il avait été question des fiançailles, et Durand de Maillane concluant à la suppression de l'empêchement qui en résultait jadis avait dit : « Alors la loi ne regarderait ce qu'on a appelé jusqu'ici fiançailles, quelle que soit leur forme, que comme des conventions qui, avant comme après le mariage, ne doivent produire que des effets privés et purement civils entre les parties seules » (1). C'était, semblait-il, puisqu'il ne parlait que de supprimer l'empêchement auxquelles elles donnaient naissance, reconnaître que le lien obligatoire qu'elles créaient autrefois existait encore.

Aussi la jurisprudence adopta-t-elle cette manière de voir dans les espèces qui furent soumises aux cours d'appel. Il est intéressant de constater combien la doctrine que nous venons d'exposer y est nettement admise; le changement d'idées qui s'est opéré plus tard dans la matière sera mis en évidence avec beaucoup plus de relief.

(1) *Procès-verbal de l'Assemblée nationale*, Paris, 1791, t. 55.

C'est d'abord un arrêt de la Cour de Trèves du 5 février 1808 (1), adoptant les motifs ainsi conçus d'un jugement dont appel avait été formé : « Considérant que le mariage n'est que l'accomplissement d'une promesse réciproque préexistante de célébrer le mariage d'après les formalités prescristes par la loi ; que cette convention préliminaire, qu'on appelle fiançailles ou promesses de mariage, existe sous le Code civil aussi bien qu'elle existait sous les anciennes lois, et doit produire les mêmes effets puisqu'elle forme un contrat synallagmatique obligatoire, qui contient l'engagement de faire et qui rentre dès lors dans l'application de l'art. 1142 du Code civil, dont la disposition générale renferme la chose quoique le mot fiançailles ou promesses de mariage n'y soit point nommément exprimé. »

La Cour de Toulouse, dans un autre arrêt du 16 février 1813 (2), n'est pas moins affirmative : « Attendu que les fiançailles sont un contrat synallagmatique, formant un engagement réciproque entre les parties contractantes d'accomplir la promesse de mariage, d'où naît une action que chacune des parties a contre l'autre pour l'obliger à l'accomplissement de ladite promesse. »

De nombreux arrêts appuient leurs décisions sur cette argumentation (3).

C'était bien reconnaître la validité des promesses de mariage, le lien de droit entre les fiancés, dont l'un ne pouvait s'affranchir sans le consentement de l'autre.

Ce système était d'ailleurs très logique dans ses con-

(1) Dalloz, *Répertoire* : *Mariage*, n° 83.

(2) Dalloz, *Répertoire* : *Mariage*, n° 73.

(3) Nîmes, 6 août 1806 ; Colmar, 13 mai 1818 ; Dalloz, *Répertoire* : *Mariage*, n° 83.

séquences quand il s'agissait de savoir quelle action avait l'un des fiancés pour contraindre l'autre à exécuter sa promesse. Le Code civil classe les obligations en deux catégories : les unes ont pour objet de livrer un corps certain, déterminé ; les autres ont pour objet d'accomplir un fait. La première classe donne naissance à une action qui tend à la livraison de la chose promise, qui permet, en cas de refus, de s'en faire mettre en possession *manu militari*. L'exécution de l'autre classe d'obligations étant subordonnée au fait même de l'individu, à sa volonté, et tout moyen de contrainte venant échouer devant la volonté humaine, cette classe d'obligations ne donne naissance qu'à une action tendant à obtenir l'équivalent de la promesse, c'est-à-dire des dommages-intérêts. Les promesses de mariage, d'après le système que nous exposons, rentraient évidemment dans cette dernière catégorie d'obligations ; on ne peut contraindre quelqu'un, disait-on, à se marier contre son gré, mais l'action qu'a l'autre fiancé contre lui pour essayer de le faire exécuter sa promesse doit se résoudre en dommages-intérêts comme l'action naissant de toutes les obligations de faire. « Pour excepter l'obligation d'accomplir le mariage de la règle posée d'une manière si précise et si générale il aurait fallu, comme l'avait fait le droit romain, faire à son égard une exception positive ; or elle ne se trouve point dans le Code, et les juges ne peuvent la suppléer sous aucun prétexte car les exceptions qui ne sont point dans la loi ne doivent point être suppléées » (1). « Attendu, disait la Cour de Toulouse (2), qu'une promesse

(1) Toullier, t. VI, n° 301.

(2) 8 mars 1827, Dalloz, *Répertoire* : *Mariage*, n° 83. Conf. autres arrêts cités ci-dessus.

de mariage est un contrat bilatéral, aucune des parties ne peut rompre les obligations qu'elle a contractées sans s'exposer aux dommages-intérêts qui sont la suite de l'inexécution de son engagement. »

Ces dommages-intérêts, continuait-on, l'art. 1149 C. civ. nous fournit la base pour les évaluer, ils doivent compenser le créancier de la perte qu'il a faite et du gain dont il a été privé ; les dommages-intérêts dus à la partie qui a compté sur la promesse fallacieuse de l'autre comprendront donc non seulement le préjudice qu'elle a éprouvé le *lucrum emergens*, mais encore le *damnum cessans*, le gain qu'elle a manqué. « Mais comme dans toutes les promesses de faire, disait Toullier (1), l'évaluation des dommages-intérêts est toujours difficile et donne lieu souvent à des contestations et à des procès, le Code permet aux parties de les évaluer elles-mêmes d'avance par une clause pénale qui en tient lieu, et de stipuler que celle des parties qui manquera à sa parole paiera une somme déterminée à titre de dommages-intérêts, sans permettre au juge de la modifier et d'allouer une somme plus forte ni moindre (art. 1252 C. civ.). Le Code n'a point excepté les promesses de mariage de cette disposition, il faut donc en conclure que les clauses pénales ajoutées aux promesses de mariage sont valides, aussi bien que celles qui sont ajoutées aux autres promesses de faire » (2).

Telle était la doctrine de Toullier, doctrine admise par la jurisprudence postérieure au Code civil et qui

(1) Toullier, *loc. cit.*

(2) Chardon, *Du dol et de la fraude*, t. III, soutient également la validité de la clause pénale; Merlin, *Répertoire*, v° *Peine contractuelle*; Rouen, 28 février 1815. S. 15. 2. 224.

peut se résumer ainsi : les promesses de mariage constituent une obligation de faire donnant naissance à une action civile et à laquelle peut-être jointe une clause pénale.

Ce système semble, à première vue, très rationnel. Dans les contrats ayant pour objet un *facere*, le consentement est bien exigé au moment de la formation même du contrat, ce qui n'empêche pas que l'on ait pu depuis longtemps enchaîner sa liberté de consentir par une promesse précédent le contrat lui-même ; « car l'homme, en sa qualité d'être intelligent et libre, peut enchaîner ses actions et une partie de sa liberté en tout ce qui n'est pas défendu par la loi ou par la morale » (1). Pourquoi n'en serait-il pas de même en matière de mariage, dans cette matière où l'on ne doit pas s'engager à la légère, dans cette matière « qu'aucune autre ne surpassait autrefois pour le respect de la parole donnée » (2)?

Aussi Toullier repoussait ingénieusement toutes les objections qu'on pouvait lui opposer. La liberté du mariage gênée! Et comment donc? ou celui qui se dédit a de justes motifs de le faire et si ces motifs sont légitimes l'action de sa fiancée sera paralysée et rien ne l'empêchera de rechercher un autre époux; ou bien celui qui manque à sa parole le fait par légèreté et par caprice, alors les dommages-intérêts qu'il sera obligé de payer ne seront que la réparation des dommages que son inconstance a causés et il recouvrera son entière liberté. Qu'on ne vienne pas dire d'ailleurs que la peine stipulée pourrait être telle que le réfractaire, se trouvant dans

(1) Toullier, t. VI, n° 301.
(2) Giraud, *op. cit.*, p. 5.

l'impossibilité de la payer sans se ruiner, serait obligé d'accomplir le mariage et de persister dans son premier choix ; car outre que ce ne serait point un grand mal s'il n'avait pas de motifs de changer « l'excès de la peine stipulée dans une promesse de mariage deviendrait un indice de surprise ou de séduction, qui joint à d'autres circonstances pourrait en faire prononcer la nullité » (1). La Cour de Toulouse, dans un arrêt du 8 mars 1827, cité plus haut faisait nettement l'application de ces idées : « Attendu, disait-elle, que c'est en vain que la célébration du mariage devant être l'effet d'une libre volonté ce serait aller contre l'indépendance que le législateur et la morale ont établie à cet égard, que de prononcer des peines contre celui qui refuse d'exécuter sa promesse, car la liberté étant entière avant le contrat de mariage, ce contrat a été l'effet de la volonté ; et si, ensuite, par caprice ou par mauvaise foi, on refuse de l'exécuter, comme ce n'est là qu'une obligation ou une promesse de faire, elle se résout en dommages-intérêts, ainsi le préjudice causé est réparé et la liberté des futurs époux devient entière pour contracter un autre engagement. »

L'opinion de Toullier n'a pas prévalu, elle est aujourd'hui abandonnée, et il est de principe que la promesse de mariage est inexistante et ne peut avoir aucune force obligatoire.

Reprenons successivement les arguments de la première doctrine, nous arriverons en les réfutant à l'exposé du système admis aujourd'hui.

D'abord, l'argument que Toullier tire de ce qui existait dans l'ancien droit n'a pas toute l'importance qu'il y

(1) Toullier, t. VI, n° 301.

attache. Nous avons vu, en effet, que le droit canonique reconnaissait la validité de l'obligation naissant des *sponsalia*, qu'il donnait aux parties une action pour en poursuivre l'exécution, et que, même les moyens de rigueur pouvaient être employés pour vaincre la résistance du fiancé infidèle; mais la jurisprudence des parlements, ne l'oublions pas, se montra vite hostile à ces principes. Dès que la justice séculière commença à reprendre ses droits, l'emploi des moyens de rigueur fut interdit, et les officiaux durent se borner à condamner à des prières, à des aumônes, le fiancé qui refusait d'exécuter sa promesse. Il est donc vrai de dire que l'obligation se trouvait réduite à une obligation naturelle n'ayant d'effet que dans le for de la conscience et n'ayant aucune sanction civile. Si donc, il y a lieu de tirer argument de ce qui se passait dans l'ancien droit, c'est pour dire que les fiançailles n'étaient pas obligatoires aux yeux de la loi civile (1).

Le Code civil, dit en second lieu Toullier, est muet sur la question des promesses de mariage ; c'est donc que le droit commun, qui veut que toute obligation librement consentie soit exécutée, doit être appliqué. Or, la promesse de mariage constitue bien une convention librement consentie, donnant naissance à une obligation de faire, qui doit comme titre s'exécuter conformément aux indications de l'art. 1142 du Code civil, c'est-à-dire se résoudre en dommages-intérêts quand l'exécution directe n'est pas possible.

C'est surtout ici que Toullier commet une confusion inexplicable, très bien mise en lumière par M. Lau-

(1) Laurent, *Principes de droit civil français*, t. II, n° 306.

rent (1). Il y a, en effet dans notre droit, deux classes de contrats bien distincts, les contrats relatifs aux personnes et les contrats relatifs aux choses. Ces deux classes de contrats ont des règles spéciales dont la sphère d'application est nettement déterminée. Le Code civil au titre *Des obligations* s'occupe des principes généraux qui régissent les intérêts pécuniaires, il s'occupe des contrats relatifs aux choses, mais peut-on dire que ces principes soient applicables au mariage ? « L'obligation de faire, dit M. Laurent, suppose qu'il y a un débiteur et un créancier, l'art. 1142 dit que le débiteur est condamné à des dommages-intérêts s'il n'exécute pas l'obligation qu'il a contracté de faire. Est-ce que dans les promesses de mariage il y a un créancier et un débiteur? Chose remarquable! Toullier en transcrivant l'art. 1142 omet les mots : « de la part du débiteur ». Sa plume s'est refusée à transcrire des mots qui jurent avec la doctrine qu'il soutient. Non, une promesse de mariage n'est pas une promesse faite à un débiteur par son créancier. Le mariage est le lien de deux âmes ; le mot n'est pas d'un poète ni d'un philosophe, il a été prononcé au sein du Conseil d'Etat par un esprit éminemment positif, par le Premier Consul. » D'ailleurs, en matière d'obligations, les dommages-intérêts auxquels donne droit l'art. 1142 représentent exactement l'avantage que la partie avait considéré en s'engageant, à tel point que, lors du contrat, elle aurait pu fixer exactement la somme à laquelle elle aurait droit au cas d'inexécution, au moyen d'une clause pénale. Le débiteur ne pouvant être l'objet d'une contrainte personnelle, son obligation se résout en une somme d'argent qui re-

(1) *Op. cit.*, n° 305.

présente en numéraire la valeur que le fait auquel il s'était engagé devait mettre dans le patrimoine de son cocontractant, le créancier obtient tout ce qu'il a stipulé. « Eh bien! continue M. Laurent, conçoit-on que celui à qui son fiancé manque de foi demande et obtienne sous forme de dommages-intérêts l'exécution forcée de la promesse, c'est-à-dire le profit, l'avantage que lui aurait procuré le mariage? Conçoit-on que le juge se mette à calculer ce que peut valoir en pièces de cent sous l'union des âmes?... Quand deux âmes se proposaient de s'unir, et que l'une d'elles refuse, il n'y a plus lieu au mariage, parce que au lieu de l'union, il y a désunion, antipathie, indifférence. L'union étant impossible, comment pourrait-il être question de lui donner une exécution forcée sous forme de dommages-intérêts? »

C'est donc à tort que Toullier veut assimiler la promesse de mariage aux conventions contenant obligation de faire. Et, en admettant que cette assimilation fût possible, il faudrait encore démontrer que la promesse de mariage a un objet licite pour qu'elle pût être obligatoire.

Il est vrai que cette démonstration a été tentée; il n'y a d'illicite, a-t-on dit, que les promesses dont l'objet blesse l'ordre public ou les bonnes mœurs; or le but des promesses de mariage est, sans contredit, le but le plus honnête, le plus louable, le plus conforme aux lois ou à la morale, puisque c'est l'accomplissement d'un mariage.

Le vice de ce raisonnement est facile à démontrer. Sans doute, l'accomplissement d'un mariage est en lui-même une chose licite et conforme à la morale, mais dans une promesse de mariage, l'objet de l'obligation n'est pas de contracter mariage sur le champ, à l'instant même, mais bien de contracter mariage *in futuro*. C'est précisément cette circonstance qui rend l'objet de l'obligation illicite. Le mariage est un contrat spécial, qui demande une complète liberté lors de sa formation, tout engagement pris à l'avance doit être interdit parce qu'il faut, pour la validité du mariage, que la volonté soit exempte de toute contrainte, de toute influence étrangère, au moment où le contrat est passé. La liberté du consentement, voilà, en effet, le principe qui domine toute la théorie actuellement admise en matière de promesses de mariage.

Déjà, au moment où Toullier écrivait, la Cour de cassation proclamait que la promesse de mariage était nulle en soi, comme contraire à la liberté qui doit régner dans les mariages (1), et cette manière de voir a été admise depuis par la doctrine et la jurisprudence.

Les conventions ordinaires supposent le libre consentement des individus, cette liberté est si nécessaire que la validité des conventions en dépend, et que l'action en nullité est ouverte contre toutes celles où le consentement a été vicié. Combien cette liberté doit, à plus forte raison, être nécessaire pour la réalisation de l'acte important qu'on appelle le mariage ! N'est-il pas indispensable que ceux qui vont enchaîner leur existence, qui vont mettre en commun leurs efforts et leurs soucis, leurs joies et leurs peines, n'agissent qu'avec maturité et réflexion, ne donnent qu'un consentement absolument libre, dégagé de toute entrave pour qu'ils ne puis-

(1) Exposé des motifs du titre V, livre I, du Code civil, du mariage, par le conseiller d'État Portalis. Séance du 16 ventose an XI.

sent s'en prendre qu'à eux si plus tard l'avenir n'a pas vu se réaliser leurs espérances? Cette liberté doit être d'autant plus parfaite, que le mariage a les conséquences les plus graves ; aussi n'est-ce pas sans raison que Portalis disait, lors de l'exposé des motifs du Code civil : « Point de consentement proprement dit sans liberté, requise dans tous les contrats, elle doit être surtout parfaite et entière dans le mariage, le cœur doit, pour ainsi dire, respirer sans gêne dans une action à laquelle il a tant de part, ainsi l'acte le plus doux doit encore être l'acte le plus libre » (1). Le législateur l'a si bien compris que dans le titre *Du Mariage*, il a inséré au Code civil des dispositions spéciales au consentement, il n'a pas voulu qu'on fût obligé de s'en reférer aux dispositions générales édictées par les art. 1111 à 1114 du Code civil au titre *Des Obligations*. Et cette liberté, qui doit présider au mariage, n'intéresse pas seulement les parties contractantes, elle intéresse encore la société; car les mariages sont le point de départ de la fondation des familles, et les mariages librement consentis sont les seuls qui puissent permettre d'espérer le bonheur et la prospérité des familles, bases de la tranquillité et du bien-être de la société. Dès lors, puisque la liberté du consentement doit être si pleine et si entière quand il s'agit de mariage, il faut rigoureusement proscrire et déclarer nulles comme contraires aux bonnes mœurs et à l'ordre public, toutes les conventions qui tendraient à altérer ce consentement avant le moment où il doit être donné; et comme le consentement ne doit être donné qu'au moment du mariage, en présence de l'officier de l'état civil (art. 75

(1) 21 décembre 1814. Sirey, t. XIV, 2e part., p. 19.

du Code civil), la nullité des promesses de mariage s'impose, car la loi ne saurait leur donner force obligatoire sans porter atteinte à la liberté du consentement, qui est de l'essence même du mariage.

Ajoutons que reconnaître force obligatoire aux promesses de mariage serait, comme le dit M. Huc (1), aller contre le but même de l'institution des fiançailles. Ce que nous appelons fiançailles de nos jours n'est en effet qu'une sorte de préparation au mariage ; ces fiançailles autorisent entre ceux qui se recherchent en vue du mariage, une fréquentation plus aisée et plus familière, assurant au consentement qu'ils se proposent de donner plus tard un caractère plus sérieux ; mais il en résulte, d'autre part, la faculté pour chacun de se retirer librement si les résultats d'une telle expérience ne paraissent pas satisfaisants, si la différence des caractères ne permet pas d'espérer dans le mariage un bonheur durable.

Les promesses de mariage sont donc nulles dans notre droit civil, comme contraires à l'ordre public et aux bonnes mœurs; telle est la théorie qui, admise timidement d'abord par la jurisprudence (2) a été consacrée par la Cour de cassation le 30 mai 1838. « Attendu, dit elle, que l'arrêt attaqué en décidant que toute promesse de mariage est nulle en soi comme portant atteinte à la

(1) *Commentaires du Code civil*, t. II, n° 5.

(2) Req. 17 août 1814. Dalloz, *Mariage*, n° 82, 5°.
Civ. rej., 21 décembre 1814. — — n° 82, 8°.
Req. 6 juin 1821. — — n° 90, 5°.
Ch. réun. rej. 7 mai 1836. — — n° 90, 3°.
Civ. rej. 30 mai 1838. — — n° 82, 8°.
Civ. 4 juin 1838. — — n° 90, 4°.

liberté illimitée qui doit exister dans le mariage, n'a fait que proclamer un principe d'ordre public qui, soit avant, soit depuis la promulgation du Code civil a toujours été consacré par la jurisprudence » (1), et la Cour suprême s'appuyant sur ces motifs confirme l'arrêt attaqué. La jurisprudence de nos jours est encore dans ce sens, et les auteurs, pour la plupart, regardent la promesse de mariage comme une convention absolument nulle, dénuée de tout effet (2).

Sans nous arrêter à examiner ici la valeur de cette théorie, que nous nous sommes contenté d'exposer et qu'il sera plus facile d'apprécier quand nous aurons vu les applications, qui en ont été faites, constatons en passant les conséquences qui doivent en découler naturellement.

Les promesses de mariage étant nulles en droit, leur effet se réduit à un simple engagement d'honneur, du domaine de la conscience ; la partie qui se dédit une fois sa parole donnée ne peut non seulement être contrainte au mariage, mais elle n'encourt aucune responsabilité pécuniaire résultant de l'inexécution de la convention, et elle ne doit avoir besoin d'aucun motif

(1) Sirey, 1838. 1. 493.

(2) Delvincourt, t. I, p. 127.
Vazeille, t. I, n°s 91 et suiv., 207.
Demolombe, t. I, n°s 28 et suiv.
Glasson, *Du consentement des époux au mariage*.
Aubry et Rau, t. V, § 454, p. 33, texte et note 26.
Vidal, *Étude sur les moyens organisés par la loi et la jurisprudence pour protéger les fiancés contre leurs fraudes réciproques*, p. 43 et suiv.
Hue, *Commentaire théorique et pratique du Code civil*, t. II, n°s 5 et suiv.

à faire valoir à l'appui de sa rupture pour se disculper. Il en résulte encore que la clause pénale insérée pour garantir l'exécution de semblables promesses est elle-même frappée de nullité. Ce n'est que l'application pure et simple de l'art. 1227 du Code civil aux termes duquel « la nullité de l'obligation principale entraîne la nullité de la clause pénale ». D'ailleurs, en l'absence de tout texte, cette solution s'imposerait; la stipulation d'une clause pénale serait en effet manifestement attentatoire à la liberté du consentement, et tous les actes, destinés à restreindre ou à supprimer cette liberté, doivent être, nous l'avons vu, considérés comme contraires à l'ordre public ou aux bonnes mœurs. Que la clause pénale soit donc formellement stipulée ou qu'elle soit simulée comme celle se trouvant dans un contrat de mariage sous forme de reconnaissance de dot (1), ou dans un billet causé pour prêt (2), elle doit être déclarée nulle et tous les moyens de preuve seraient admis pour en prouver l'existence.

Ce que nous venons de dire des promesses de mariage avec ou sans clause pénale échangées entre les fiancés eux-mêmes, il faut l'appliquer aux conventions de même nature qui pourraient intervenir entre les parents ou les tuteurs de deux futurs époux mineurs. Dans l'ancien droit, ces sortes de conventions étaient fréquentes, les pères de famille: au lieu de penser au bonheur de leurs enfants, pensaient plutôt à soutenir la splendeur de leur nom et la dignité de leur race, en imposant à leurs enfants des mariages contre leur gré; de même, les tuteurs

(1) Nîmes, 25 janvier 1839. S. 39. 2. 177.
(2) Cassat., 7 mai 1836 précité.

ne faisaient que trop souvent du mariage de leurs pupilles une source de négociation d'obligations à leur profit personnel, une source de revenus, de sorte que la liberté du mariage disparaissait sous l'abus d'une autorité qui cessait d'être paternelle ou tutélaire. Hâtons-nous de dire qu'aujourd'hui ces sortes de promesses sont rares, peut-être parce qu'elles n'ont plus leur raison d'être comme autrefois, aussi les recueils de jurisprudence ne nous en offrent guère d'espèces.

Toullier, examinant la question de validité de l'obligation contractée par deux pères de marier leurs enfants mineurs lorsqu'ils auront l'âge de puberté, fait une distinction. D'après lui, si la peine stipulée lors de la convention est stipulée contre celui des deux pères qui s'opposerait au mariage ou refuserait son consentement, la convention n'est pas nulle, car loin d'être contraire au mariage, elle ne fait que favoriser cette liberté ; mais si la peine est stipulée au cas où l'un des enfants refuserait d'accomplir le mariage, elle n'est plus alors exigible, car elle tend à gêner la liberté des mariages : le père, étant personnellement intéressé à l'accomplissement du mariage, pourrait abuser de sa puissance pour contraindre l'inclination de son enfant (1).

Cette distinction ne nous paraît pas nécessaire, et nous préférons dire avec Demolombe (2) que la convention est nulle dans tous les cas. Le législateur, en exigeant le consentement du père pour le mariage de son fils mineur et en lui donnant le droit de faire opposition au mariage de son fils, même après que celui-ci a atteint sa

(1) Toullier, *Obligations*, t. IV, n° 303.

(2) Demolombe, *Cours de Code Napoléon*, t. III, n° 32 ; Larombière, *Théorie et pratique des obligations sur art.* 1227.

majorité matrimoniale, semble bien investir le père d'une mission de confiance qui ne doit prendre fin qu'une fois le mariage célébré. Le père de famille est chargé de veiller avec le plus grand soin au bonheur de l'enfant qui va le quitter pour fonder une nouvelle famille ; c'est sous sa surveillance que le mariage a été projeté, c'est sous sa surveillance qu'il doit s'accomplir; il doit pouvoir en toute liberté refuser ou retirer son consentement s'il reconnaît que le mariage qu'il avait d'abord agréé ne convient pas à son enfant et fera peut-être le malheur de celui-ci ; dès lors, il faut rejeter comme nulle toute convention qui tendrait à enlever au père cette entière liberté d'examen et de détermination. Le tribunal civil d'Oran, dans un jugement du 7 mai 1894 (1), a fait l'application de ces principes, en déclarant que le père qui, après avoir donné son consentement au mariage, le retire la veille de la célébration sans alléguer de motifs, n'engage nullement sa responsabilité. « Attendu, lit-on dans les motifs de ce jugement, que toute promesse de mariage est nulle, comme portant atteinte à la liberté illimitée qui doit régner dans les mariages et subsister jusqu'à la célébration d'un acte aussi solennel. Attendu, en effet que ces sortes de promesses ne doivent pas, à l'égal d'un contrat, lier, enchaîner la liberté, soit des futurs conjoints, soit en cas de minorité, la liberté des ascendants sous l'autorité de qui ils vivent, qu'il convient de proclamer que jusqu'à la dernière heure, il appartient souverainement au père de famille, gardien des intérêts, de la bonne renommée et du bonheur des siens, de dénouer l'alliance promise s'il le juge nécessaire et lorsqu'il est

(1) *Gazette du Palais*, 8 septembre 1894.

survenu un fait, un incident imprévu et grave touchant à l'honneur et à la dignité des personnes, ou de nature à compromettre l'avenir du futur époux, alors que ce fait eût certainement empêché l'échange des promesses s'il se fût révélé plus tôt. »

CHAPITRE III

Des suites de la rupture des promesses de mariage.

Les promesses de mariage entraînent à leur suite une foule de faits : des cadeaux sont échangés, des dépenses sont faites en vue de la future union, un contrat est signé, une dot constituée ; que se passera-t-il quand la rupture du mariage se produira? Dans un premier paragraphe, nous examinerons si le préjudice causé peut être réparé ; dans un second, nous étudierons le sort du contrat de mariage, de la constitution de dot et des donations qui ont pu l'entourer.

§ 1. — *Le préjudice causé peut-il être réparé?*

Le préjudice, dont est victime le fiancé auquel on manque de foi, peut avoir deux sources.

Il peut naître de la promesse de mariage elle-même ou d'un fait illicite ayant des relations directes avec cette promesse, l'ayant précédée, accompagnée ou suivie.

Dans cette dernière classe de préjudices, il faut ranger le préjudice causé par le fiancé qui accompagnerait la signification de sa rupture d'expressions injurieuses pour la personne délaissée, qui répandrait dans le public sur le compte de celle-ci des imputations diffamatoires. Ce préjudice pourrait évidemment être réparé et l'auteur de la diffamation serait susceptible d'être poursuivi et condamné à des dommages-intérêts envers la personne diffamée.

Mais il est un autre préjudice qui, celui-là, résulte directement de la promesse de mariage, qui en est la conséquence, qui lui est intimement lié comme la cause l'est à l'effet, qui ne serait pas né si la promesse de mariage n'avait pas été rompue. Ce préjudice consiste dans les dépenses faites en vue du mariage, dépenses dont le genre peut varier, mais qui n'auraient pas eu lieu si le mariage n'avait pu pas été projeté : ce sont les achats de vêtements, les locations d'appartement, les réparations d'immeubles, les voyages, etc. ; il consiste encore dans l'atteinte portée à la réputation ou à l'honneur, par suite notamment d'une fréquentation suivie de grossesse. Ce préjudice devra-t-il être réparé par celui qui a manqué à sa parole, rendu inutiles toutes ces dépenses, donné éveil à la malignité publique, qui vient dire la veille du jour où le mariage doit être célébré que tout est rompu?

L'application rigoureuse de la théorie admise par la doctrine et la jurisprudence sur la valeur juridique des promesses de mariage conduit à dire que le fiancé, qui manque à sa parole, ne doit pas de dommages-intérêts, à raison du préjudice qu'il a pu causer par suite de son manque de foi. En effet, la promesse qu'il a donnée n'a pu l'engager, il n'y a pas eu d'obligation de formée et partant pas d'action en dommages-intérêts (arg. art. 1142 Code civil); c'est, nous l'avons dit plus haut, la conséquence fatale de la nullité des promesses de mariage. De même que le fiancé ne peut être contraint à fournir sous forme pécuniaire l'équivalent de l'obligation nulle qu'il a contractée, de même il ne peut être déclaré responsable des suites d'une obligation qui légalement n'existe pas.

Le sort du malheureux fiancé, qui voit son attente déçue et qui la plupart du temps s'est mis en frais en vue de l'union projetée, a néanmoins paru si digne d'attention qu'on lui accorde aujourd'hui des dommages-intérêts. Mais ce n'est pas en vertu de l'art. 1142 que ces dommages-intérêts sont alloués, c'est en vertu de l'art. 1382. On répond dans notre droit, dit-on, non seulement du dommage que l'on cause par suite de l'inexécution des obligations, mais encore de celui que l'on cause par sa propre faute ou par son imprudence, tout fait quelconque de l'homme, qui cause à autrui un dommage, oblige celui par la faute duquel il est arrivé à la réparer; « or celui qui abandonne sans motif légitime un projet de mariage peut certainement causer à l'autre un dommage très réel, donc il doit être tenu de le réparer » (1); il y est tenu non pas parce qu'il a fait une promesse, mais parce que, ensuite de cette promesse, l'autre partie a éprouvé un dommage soit matériel, soit moral, « c'est là une des applications les plus naturelles et les plus légitimes de notre art. 1382 », dit Demolombe. C'est donc en se basant sur un quasi-délit que le fiancé évincé obtiendrait la réparation du préjudice à lui causé par le caprice ou la légèreté de son fiancé.

Cette doctrine est enseignée par de nombreux auteurs (2), la jurisprudence admet cette application de

(1) Demolombe, *op. cit.*, n° 28.

(2) Glasson, *Du consentement des époux au mariage*, n° 99; Lau-

l'article 1382 (1), la Cour de cassation l'a formellement consacrée dans un arrêt célèbre du 16 janvier 1877 (2), dont il sera plus loin question.

Elle ne nous paraît cependant pas en harmonie avec la solution admise sur la validité des promesses de mariage; il faudrait pour être conséquent jusqu'au bout et, pour ne pas manquer de logique, dire que dans le silence du Code, le fiancé qui manque à sa parole ne peut pour cette raison être condamné à réparer le préjudice qu'il a pu causer.

Il doit être condamné à dommages-intérêts, dit-on, non pas parce qu'il a manqué à ses obligations, mais parce qu'en promettant le mariage il a engagé sa responsabilité et qu'en ne l'accomplissant pas, il a commis un quasi-délit. Mais les principes eux-mêmes de la théorie des quasi-délits s'opposent à cette solution! Pour que la responsabilité humaine soit engagée il ne suffit pas qu'il y ait eu un préjudice causé, il faut encore qu'il y ait une faute à la charge de celui qui a causé le préjudice. C'est un point sur lequel tout le monde est d'accord et sur lequel la Cour de cassation a eu plusieurs fois l'occasion de se prononcer (3); or, vous prétendez que celui qui a promis le mariage n'a pu valablement s'engager, la liberté du mariage exige que les futurs époux soient libres de tout lien jusqu'au moment même de la célébration de leur union,

rent, t. II, n° 308; Vidal, *op. cit.*, p. 51 et suiv.; Bugnet sur Pothier, t. VI, p. 22, note 2.

(1) Voyez les nombreuses décisions citées en ce sens *Pand. franç.*, *Répertoire*, au mot *Mariage*, n° 355.

(2) *Pand. fr. chr.*, V. 1. 296.

(3) Voyez notamment Req., 3 mars 1879; Civ. 13 avril 1886. S. 89. 1. 312.

qu'aucune influence, qu'aucune pression ne vienne restreindre le consentement qu'ils donneront devant l'officier de l'état civil, qu'en un mot, ils soient libres jusqu'au dernier moment de changer d'avis. C'est donc un droit inviolable que vous leur accordez ; droit dont ils ont réciproquement connaissance, et vous voulez après cela trouver une faute dans l'exercice d'un droit que vous leur avez si largement reconnu ? mais n'est-il plus vrai de dire que celui qui use de son droit ne peut léser le droit des autres ! *neminem lædit qui suo jure utitur ; nemo jure utitur nemo damnum facit is quod facere jus habet.*

Les partisans du droit aux dommages-intérêts ajoutent que l'article 1382 ne rend pas seulement responsable du dommage que l'on a causé par sa propre faute, mais qu'il met encore à notre charge celui que l'on cause par simple imprudence ou par légèreté, que le fiancé, qui après avoir donné sa parole vient la reprendre par caprice peut-être, sans vouloir expliquer sa façon d'agir par des motifs sérieux, doit être taxé d'imprudent et doit supporter les conséquences de sa légèreté. C'est, croyons-nous, renverser les rôles, celui qui rompt une promesse de mariage n'a pas de motifs à donner, il use de son droit dans toute sa rigueur, on ne peut légalement lui en faire un reproche. Et M. Huc, s'élevant contre certaines décisions judiciaires qui imposent au fiancé qui se rétracte l'obligation de se disculper s'écrie : « Comment, d'ailleurs, les juges peuvent-ils substituer ainsi leur appréciation personnelle à celle de l'intéressé et lui faire grief de s'être dérobé sans donner de motifs ? Mais il n'y a pas de motifs à donner, et cette jurisprudence provoque la réponse faite par ce Romain que l'on blâmait de vouloir répudier une femme irréprochable : « Moi seul puis savoir où mon soulier me blesse » (1). Et puis, en admettant qu'il ait été imprudent, c'est au demandeur à faire la preuve de l'imprudence de son fiancé et non à celui que l'on attaque de fournir les motifs de son changement d'idées, d'essayer de se disculper d'une accusation qui n'est pas prouvée.

D'ailleurs, si l'on accuse d'imprudence et de légèreté le fiancé qui manque à sa parole sans alléguer de motifs, comment caractériser la manière d'agir de l'autre fiancé, qui trop pressé de réaliser un mariage qu'il a peut-être longtemps cherché, qui sachant parfaitement ce que valait l'engagement contracté envers lui, averti que la promesse de mariage ne crée aucun lien, ne produit aucune obligation, et qu'une rupture est toujours possible, s'est laissé aller trop précipitamment dans des dépenses exagérées et a du prévoir que ces dépenses et ces avances pouvaient rester à sa charge. Tout ce qu'il a fait, il l'a fait pour son bon plaisir; et dès lors, comment peut-il venir se plaindre d'un préjudice dont il a été lui-même la cause : *Volenti non fit injuria.*

Enfin, après avoir proclamé si haut quelle entière liberté doit régner dans le mariage, au point de n'avoir pas voulu accorder au fiancé trompé l'action en dommages-intérêts de l'article 1142, comment peut-on venir lui en accorder une autre en se basant sur l'art. 1382? Que les dommages-intérêts soient, en effet, évalués sur une base contractuelle, ou qu'ils soient évalués sur une base délictueuse, ce n'est pas cette différence qui suffira pour faire que dans un cas le consentement pourra être libre, tandis que dans l'autre cas il pourra être vicié.

La rigueur des principes conduit donc à dire que jamais

(1) *Op. cit.*, t. II, n° 6.

le préjudice causé par une rupture de promesse de mariage, en l'absence de toute faute concomitante, de toute méchanceté, de toute imprudence ou négligence coupable ne doit être réparé, cette rupture consistant dans un fait licite, qui ne peut engager la responsabilité de celui qui en est l'auteur.

Quelques tribunaux avaient ainsi pensé (1) ; un jugement du tribunal de Châteaudun du 6 août 1896 (2), mérite de fixer un instant l'attention ; il contient dans ses motifs une foule de considérations en harmonie avec ce que nous venons d'exposer. Le sieur R... et la demoiselle L... s'étaient promis mariage, les publications furent faites, des cadeaux échangés, quand le mariage fut rompu à la dernière heure par le fait de Madame veuve L... mère de la fiancée mineure. R... assigna conjointement et solidairement la mère et la fille en dix mille francs de dommages-intérêts pour le préjudice matériel et moral à lui causé, et fonda sa demande sur l'application des articles 1142 et 1382 du Code civil : ultérieurement, il conclut à la mise hors de cause de la demoiselle L... Le tribunal le débouta de sa demande pour les raisons suivantes : « Attendu, en principe, que la promesse de mariage ne crée aucun lien de droit entre les parties, qu'elle peut être reprise même jusqu'à l'instant qui précède la célébration du mariage, que l'art. 1142 ne saurait donc s'appliquer ; Attendu que, d'autre part, l'exercice d'un droit quelconque, quelque dommage qu'il ait causé, ne peut jamais donner naissance à une réparation civile, que l'art. 1382 du Code civil, est donc comme l'art. 1142 inap-

(1) Bastia, 3 février 1834. S. 34. 2. 395 ; Aix, 23 février 1865. S. 66. 2. 28.

(2) *Gazette du Palais*, 28 août 1896.

plicable à la promesse de mariage elle-même; que si parfois l'art. 1382 peut être légitimement invoqué au cas de rupture de promesse de mariage, ce n'est pas par le seul fait de cette rupture, mais seulement accessoirement et eu égard à certains faits dommageables qui se sont produits à l'occasion de la promesse de mariage, et qui constituent leur auteur en faute vis-à-vis de la partie adverse ; Attendu que le pur caprice ou la tardivité de la rupture, quelque regrettable qu'ils puissent être comme dans l'espèce, ne constituent de la part de la veuve L... que l'exercice d'un droit incontestable, et, par suite, ne peuvent constituer leur auteur en faute vis-à-vis du sieur R... Par ces motifs... déboute ». Un jugement du tribunal civil de Chartres du 21 janvier 1897 se prononce dans le même sens, d'après les mêmes motifs : « Attendu que lorsque deux personnes se sont promis le mariage, elles sont libres de se rétracter et que cela ne constitue point la violation d'une obligation valable; que cette rétractation n'est que l'exercice d'un droit; Attendu en l'espèce que L... n'a donc fait qu'user d'un droit et qu'il n'aurait commis une faute que s'il eût abusé de ce droit, guidé par un sentiment de méchanceté, ou coupable de quelque négligence ou de quelque imprudence; mais attendu que les faits et les circonstances de la cause ne révèlent contre lui aucune faute de cette nature, et que dès lors sa responsabilité n'est pas engagée... » (1)

C'est la saine application des principes du Code dans une matière que le législateur a omis de traiter; aussi est-il curieux de voir les auteurs et la jurisprudence de

(1) Voir ce jugement, *Gazette des tribunaux*, 28 janvier 1897, ainsi que les conclusions du ministère public qui sont rapportées en entier.

la Cour suprême, après avoir admis la nullité des promesses de mariage, reconnaître le droit à une réparation du préjudice causé en se basant sur une fausse application de l'article 1382 (1). Une pareille anomalie ne s'explique que par l'intérêt porté au fiancé qui a été trompé; on sait qu'il n'a pu attendre jusqu'au dernier moment pour exécuter certaines dépenses, faire certains préparatifs, et l'on est naturellement porté à vouloir l'indemniser; mais cette solution, si elle est fort juste et fort équitable, ne nous semble pas légale ni conforme aux principes admis sur la validité des promesses de mariage.

Quoi qu'il en soit et devant le fonctionnement d'une telle jurisprudence, puisque le droit à une réparation est admis de nos jours en se basant sur l'article 1382 du Code civil, entrons plus avant dans la question des dommages-intérêts, voyons quand ils sont dus et ce qu'ils doivent comprendre.

Pour que l'action en dommages-intérêts puisse prendre naissance, il faudra prouver l'existence de la promesse, prouver le préjudice causé par la rupture de cette promesse, il faudra enfin, suivant la jurisprudence et les

(1) M. Huc seul, *op. cit.*, est d'avis contraire : « On ne peut admettre de semblables décisions, dit-il, en parlant des décisions judiciaires allouant des dommages-intérêts par le seul fait de la rupture de promesses de mariage, qu'à la condition de considérer ces promesses de mariage comme obligatoires, et les artifices de rédaction ne pourront empêcher qu'en réalité il en soit ainsi : on fait produire à ces promesses sous forme de dommages-intérêts des conséquences en opposition directe avec leur caractère. » Encore apporte-t-il un tempérament, comme s'il regrettait d'en avoir tant dit : il admet une indemnité jusqu'à concurrence des dépenses motivées par la promesse de mariage : « il peut y avoir lieu dans ce cas à une sorte de *condictio data causa non secuta.* »

auteurs, que celui qui retire sa parole n'ait pas de motifs à alléguer pour justifier sa manière d'agir.

Nous examinerons plus loin, sous le chapitre IV comment on peut prouver la promesse de mariage. Contentons-nous de dire ici en passant qu'il faut que cette promesse, quelque preuve qu'on en fasse, ait été sérieuse; car s'il est de principe que la promesse de mariage n'est pas obligatoire, il faut néanmoins reconnaître que le fait dommageable dont il est ici question suppose cette promesse et ne saurait exister autrement; dès lors on ne pourrait évidemment réclamer la réparation d'un préjudice causé par une promesse à laquelle on n'a pu croire. Le tribunal civil de la Seine, dans une espèce curieuse a, pour cette raison, débouté le 1er juin 1895, la cuisinière D... de la demande en dommages-intérêts qu'elle avait formée contre le soldat V... L... (1). D'ailleurs, il suffirait que celle-là seule des parties qui a été trompée, fût de bonne foi, alors que l'autre eût été de mauvaise foi, car cette mauvaise foi, loin de disculper le coupable, ne ferait qu'augmenter sa responsabilité et rendre sa faute plus évidente et plus blâmable.

Il faudra, en second lieu, prouver le préjudice causé, car c'est de ce préjudice qu'il est dû réparation; et si aucun dommage n'a été causé, il ne peut être question de dommages-intérêts (2), « point d'intérêt, point d'action ».

On s'est demandé si toute espèce de préjudice pouvait être invoqué à l'appui d'une demande de dommages-in-

(1) *Gazette des tribunaux*, 2 juin 1895.

(2) Riom, 11 août 1846. D. P. 46. 2. 179; Poitiers, 29 mai 1834. S. 34. 2. 354; Lyon, 6 mars 1888, *Monit. jud. Lyon*, du 28 août 1888.

térêts fondée sur une rupture de promesse de mariage.

Pour ce qui est du préjudice matériel, il n'y a aucun doute, il doit être complètement réparé; c'est l'application naturelle de l'art. 1382 invoqué dans la matière. Il est impossible d'en énumérer tous les éléments, ils varient avec chaque espèce; c'est une question qui rentre dans le domaine du fait et dépend de l'appréciation des juges. D'une façon générale, on peut dire que le préjudice matériel comprend toutes les dépenses qui ont un lien direct et immédiat avec le mariage projeté et qui n'auraient pas été faites sans cela; ce sera notamment le dommage éprouvé par suite de la location d'un appartement, des dépenses faites pour l'ameublement de cet appartement, de la prise à bail d'un immeuble rural, des dépenses pour frais de contrat, de dispenses, de publications, etc. Il y aura encore un préjudice matériel motivant l'allocation de dommages-intérêts pour celui ou celle qui, à l'instigation de son futur conjoint, aura renoncé à un avantage ou à une situation acquise. Tel serait le cas d'un fiancé, qui cédant aux instances de sa fiancée, aurait cédé à ses cohéritiers sa part dans une succession ouverte à son profit (1), qui aurait abandonné un commerce fructueux (2), ou qui se serait démis d'une charge ou d'une fonction publique quelconque.

Encore faut-il que celui qui allègue un préjudice à l'appui de sa demande en dommages-intérêts n'ait pas à se reprocher d'avoir agi avec trop de précipitation ou de légèreté, les dépenses qu'il aurait faites dans ces conditions resteraient à sa charge. C'est ainsi qu'il a été jugé que l'indemnité due par le futur époux qui s'est dégagé

(1) Lyon, 14 décembre 1832. D. P. 34. 2. 10.

(2) Dijon, 10 février 1892 et 27 mai 1892. S. 92. 2. 197.

de sa promesse ne doit pas comprendre le préjudice résultant de l'inutilité d'une location arrêtée pour l'installation du futur ménage, si cette location a été trop hâtive et a précédé, par exemple, la publication des bans et la signature du contrat de mariage (1).

Quant aux dépenses qui n'ont pas un lien direct et immédiat avec le projet de mariage, comme frais de voyages et d'hôtels pour la négociation du mariage, achats de bonbons et de fleurs pour la fiancée, achats d'habits de gala, de toilettes pour les parents, on ne peut en tenir compte dans le montant des dommages-intérêts ; car ou ces frais sont faits uniquement dans l'intérêt du futur et comme préliminaires obligés de tout mariage, ou ils n'ont de cause que sa fantaisie et ses convenances personnelles (2).

On a plus hésité pour savoir si le préjudice moral devait entrer en ligne de compte dans la fixation des dommages-intérêts. Ce préjudice, qui frappe l'individu dans son honneur, sa réputation, tandis que le préjudice matériel l'atteint dans ses intérêts pécuniaires, n'est cependant pas douteux dans la plupart des cas. Sans doute, il ne peut être question d'indemnité pour le dommage, qui est exclusivement et purement moral, pour le dommage qui consiste uniquement dans les blessures faites soit à l'amour-propre, soit au cœur du futur époux délaissé, dans les atteintes portées seulement à son bonheur intime et autres préjudices de ce genre (3). Mais quand un projet de mariage est rompu, la malignité publique

(1) Trib. civ. Lyon, 6 janvier 1866, D. P. 69. 3. 20.
(2) V. Alger, 9 avril, 1895. S. 96. 2. 79 et note.
(3) Marcadé, *Revue critique de jurisprudence*, 1853, p. 191.

est aussitôt éveillée, les conversations vont leur train et l'on ne tarde pas à discréditer le fiancé malheureux, bien souvent même, hélas! l'occasion s'y prête, quand il y avait une difféence trop grande de fortune ou de situation entre les fiancés. Alors il en résulte pour l'un ou pour l'autre une grave atteinte à la réputation, ce que Pothier appelle un « affront », qui met souvent obstacle à d'autres liens, qui peut parfois faire perdre tout espoir d'établissement, n'est-il pas évident que ce dommage doit être pris en considération?

Il a été jugé que le simple préjudice moral n'était pas une cause suffisante de dommages-intérêts (1). Demolombe partage cette opinion, et ce qui le fait se prononcer en ce sens, c'est la difficulté que l'on a pour apprécier ce « dommage ». « A l'égard du préjudice moral, dit-il(2), il peut s'élever des doutes sérieux précisément par ce double motif que l'appréciation en est très difficile, très arbitraire, et que les dommages-intérêts pourraient être alors sans mesure et sans limites. Quel tarif, en effet, pouvez-vous avoir pour apprécier le degré de tort et de déconsidération que les assiduités d'un prétendant auront causés à la femme, à la jeune fille, ou que le refus de celle-ci aura causés au futur éconduit? »

Néanmoins, l'opinion contraire est aujourd'hui généralement admise (3), elle s'explique si l'on admet que le préjudice moral se réduit toujours, dans un avenir plus

(1) Metz, 18 juin 1818. S. 19. 2. 108; Toulouse, 13 mai 1842. D. P. 42. 2. 31; Riom, 11 août 1846. D. P. 46. 2. 179; Aix, 23 février 1865. D. P. 66. 2. 28.

(2) Demolombe, *op. cit.*, t. III, n° 30.

(3) Glasson, *op. cit.*, n° 100; Laurent, *op. cit.*, t. II, n° 308.

Voyez également nombreuses décisions citées en ce sens. *Pand. franç. Répertoire* au mot *Mariage*, n° 380.

ou moins éloigné à un préjudice pécuniaire. Ce sera toutefois une question de fait à examiner par le juge de reconnaître quelle atteinte a pu être portée à la réputation, et pour former sa religion, il devra prendre en considération le sexe de la personne qui se prétendra lésée; on s'explique facilement, en effet, que le préjudice moral, rare pour le fiancé, existera beaucoup plus fréquemment, et sera beaucoup plus grave pour la fiancée.

Enfin, il est un dommage plus grave qui atteint la fiancée à la fois dans ses intérêts pécuniaires, dans son honneur et dans sa réputation. C'est celui qui résulte pour elle d'une promesse de mariage suivie de grossesse.

Elles sont certainement bien dignes d'intérêt, ces malheureuses qui, séduites par de fallacieuses promesses, confiantes dans la parole de celui qu'elles étaient en droit de regarder comme leur futur époux, ont cédé à ses instances, espérant qu'un prochain mariage mettrait fin à une situation dont elles ne pouvaient se cacher l'irrégularité, et qui, le moment venu de célébrer le mariage, se sont vues abandonner avec un enfant dont le père reste inconnu, à l'entretien, à l'éducation duquel elles seules vont être obligées de faire face. C'est pour toutes le déshonneur, c'est pour le plus grand nombre la misère avec toutes les suites d'une réputation flétrie. Si l'action en dommages-intérêts a quelquefois sa raison d'être, c'est bien, semble-t-il, contre celui qui en trompant leurs espérances a brisé leur avenir, et mis à leur charge le fardeau d'une existence humaine. N'est-ce pas là un élément important de dommage dont les juges doivent tenir compte pour mesurer l'étendue du préjudice et apprécier l'importance de la réparation ?

N'était l'interdiction de la recherche de la paternité

dans notre législation, la question ne ferait aucun doute; mais l'art. 340 du C. civ. vient mettre à couvert vis-à-vis de leurs victimes ceux qui après avoir coopéré à la faute, après l'avoir provoquée, n'ont pas le courage d'en supporter les conséquences. Ce n'est point ici le lieu d'examiner la légitimité d'une disposition qui n'est entrée dans notre Code que par surprise, contre laquelle de si nombreuses et si justes réclamations ont été formulées, qu'il nous soit permis d'espérer que, dans un avenir prochain, l'enfant abandonné puisse rappeler à l'auteur de ses jours les devoirs que les liens du sang lui imposent!

En attendant, l'art. 340 est là : « la recherche de la paternité est interdite », sa disposition est générale hors le cas de ravissement ; il ne s'occupe pas dans quel but cette recherche est faite, qu'elle soit faite dans un but principal ou dans un but secondaire, en faveur de l'enfant ou en faveur d'une autre personne, peu importe; ses termes sont absolus et l'on doit en conclure que toute action, qui tendrait directement ou indirectement à attribuer à quelqu'un une paternité contre son gré, doit être prohibée. Décider autrement ce serait d'ailleurs faire revivre ces procédures scandaleuses auxquelles notre ancien droit donnait, dit-on, naissance, et que le législateur de 1804 a voulu éviter. Dès lors, comment admettre la fiancée abusée à alléguer à l'appui de sa demande en dommages-intérêts la naissance d'un enfant; comment permettre aux juges de prendre en considération cet élément de dommage ; ce serait autoriser la fiancée à rechercher, à faire connaître le père de son enfant; ce serait donner le droit aux juges d'attribuer à un individu une paternité qu'il n'a pas voulu reconnaître ; ce serait baser des dommages-intérêts sur des relations qui doivent légalement rester dans l'ombre. Impossibilité pour la femme de demander réparation d'un préjudice si considérable, impossibilité pour les juges d'en tenir compte, telle est la solution qui s'impose, si l'on ne veut violer l'art. 340 C. civ, quelque rigoureuse et cruelle qu'elle puisse être.

On trouve quelques décisions judiciaires en ce sens (1). Un arrêt de la Cour de Rennes du 11 avril 1866, confirmant un jugement du tribunal de Savenay, du 28 juillet 1865, expose nettement ces principes (2) : « Attendu..., dit l'arrêt de la Cour, que les faits dont la fille D... demande à faire la preuve sont de telle nature que s'ils étaient établis il en résulterait nécessairement la démonstration que l'enfant dont elle serait accouchée serait issu des œuvres de R... dont la paternité se trouverait ainsi juridiquement constatée d'une façon indirecte et par voie de conséquence, au mépris de la disposition si formelle de l'art. 340 C. civ.; que vainement la fille D... prétend que la preuve faite de sa maternité résultant des relations intimes ayant existé entre elle et R... ne violerait pas la disposition prohibitive de l'article précité, l'action introduite par la demanderesse ayant un but essentiellement différent ; que cette théorie doit être repoussée ; qu'en effet, si l'action introduite par la fille D... tend à un but autre que la constatation de la paternité de R... il est certain du moins que cette constatation serait recherchée par la fille D... comme un

(1) Toulouse, 13 mai 1842. D. P. 43. 2. 31 ; Caen, 24 avril 1850. D. P. 55. 2. 177 ; Aix, 23 février 1865. D. *Supp. au Répert.*, v° *Mariage*, n° 50.

(2) Rennes, 11 avril 1866. D. P. 66. 2. 184.

moyen d'établir le bien fondé de la demande introduite par elle; que l'art. 340 C. civ. ne distingue pas d'ailleurs entre le cas où la recherche de la paternité fait l'objet principal ou celui où elle fait seulement l'objet secondaire d'une action... Par ces motifs... confirme »; cet arrêt est conforme à l'intention qu'a eue le législateur en interdisant la recherche de la paternité.

L'opinion contraire est néanmoins généralement admise. Les auteurs sont d'accord pour reconnaître qu'on peut tenir compte, dans l'évaluation des dommages-intérêts, du préjudice matériel et moral causé par la survenance d'un enfant à la femme à laquelle on a promis le mariage, et cela sans violer l'article 340 (1) et une jurisprudence constante confirme cette solution (2).

L'on essaie de l'expliquer en disant que si la recherche de la paternité est interdite, c'est seulement en ce sens qu'il est défendu d'attribuer à un individu une paternité qu'il n'a pas reconnue; or tel n'est pas l'objet de la demande formée par la femme, elle ne conclut pas à ce qu'un tel soit déclaré le père de son enfant, elle réclame seulement des dommages-intérêts, parce que cet homme a rompu sans motifs légitimes une promesse de mariage. Il n'y a point de recherche de la paternité, ajoute-t-on, puisque l'action n'est intentée ni par l'enfant ni au nom de l'enfant qui ne pourra jamais, ni dans le présent, ni dans l'avenir, réclamer l'état civil d'enfant de celui qu'il s'agit de condamner ; la grossesse n'est présentée que comme un élément de dommage et ne pré-

(1) Marcadé, *Revue critique*, 1853, p. 194 : Aubry et Rau, t. VI, § 569, p. 191 ; Glasson, *loc. cit.*, n° 102; Demolombe, t. I, n° 29.

(2) V. notamment Cassat., 17 août 1814. D. A. 10. 18; 24 mars 1845. D. P. 45. 1. 177; 25 février 1890. *Pand.*, 1890, 1. 507.

juge en rien la question de paternité et de filiation qui demeure en dehors du débat.

C'est jouer sur les mots, croyons-nous, et il n'y a qu'à lire les décisions judiciaires pour s'en convaincre. Qu'on vienne dire comme un jugement du tribunal de Castel-Sarrazin rendu en 1841 (1): « Attendu que non seulement la fille B... a été délaissée par le sieur L... après que celui-ci eût promis de l'épouser, mais que cette fille a été, par suite des fréquentations assidues du sieur L...,rendue mère et a par ce seul fait éprouvé un dommage dans son honneur par le refus obstiné de le réparer »; ou comme un arrêt de la Cour de Montpellier, du 10 mai 1851 (2), « Considérant qu'il ne s'agit pas dans la cause de rechercher si S... est le père de l'enfant dont la fille M... est accouchée, mais seulement si la grossesse de la fille M... était l'œuvre de S... » peu importe; il est bien évident qu'il y a là une attribution de paternité. Il faut même aller plus loin et dire que si elle ne ressortait pas des termes des jugements ou des arrêts, l'attribution de paternité s'imposerait; elle s'imposerait par suite des circonstances de la cause, elle s'imposerait par suite des documents fournis au procès, elle s'imposerait enfin par suite de cette présomption qu'on n'a pas l'habitude de promettre le mariage à une fille déjà perdue; que, par conséquent, la promesse établie doit faire attribuer la paternité de l'enfant à celui qui a fait la promesse et qui est ainsi moralement démontré le seul auteur possible de la grossesse. Peut-on dire dans ces conditions que la grossesse ne soit présentée que comme un élément de dommage et

(1) D. P. 45. 1. 177.
(2) D. P. 52. 2. 536.

ne préjuge en rien la question de paternité et de filiation!

D'ailleurs, en admettant la distinction faite par la jurisprudence qu'il ne s'agit pas d'une action en réclamation d'état mais d'une action en dommages-intérêts, on n'a pas réfléchi que l'action, purement pécuniaire de la mère, est encore moins admissible que ne le serait l'action pécuniaire et morale de l'enfant. « Comment, dit Marcadé (1), quand la loi même pour ce pauvre enfant qui est, lui, si complètement innocent (d'une faute à laquelle la mère a toujours bien participé quelque peu) et alors qu'il s'agit pour lui de sa fortune, de son état, de sa position sociale; quand la loi, malgré tout ce qu'il y a de sacré dans la réclamation de cet enfant demandant à la société son père, ne croit pas devoir s'apitoyer et refuse toute constatation de paternité, si énergique et si certaine que soit la preuve offerte, voilà que cette même loi permettrait cette preuve et cette constatation judiciaire de la paternité au profit d'un autre que cet enfant et pour un intérêt purement pécuniaire! Encore une fois, on n'y a pas réfléchi.

Pourquoi en effet, continue l'auteur, dans quel but, par quel motif notre Code refuse-t-il à l'enfant le droit de faire constater quel est son père, alors même qu'il aurait à cet effet les preuves les plus irrécusables? Pourquoi, à la différence de l'ancien droit, tient-il si rigoureusement à ce que la paternité naturelle ne puisse être indiquée qu'au seul moyen d'une déclaration authentique passée par le père lui-même dans le but de se rattacher l'enfant, sans qu'elle puisse jamais, comme le peut la

(1) *Revue critique*, 1853, p. 201.

maternité, être constatée par un jugement? Pourquoi, sinon pour voiler partout et quand même (hormis le cas où le père lui-même entend qu'il en soit autrement) ces paternités naturelles dont la loi regarde la discussion et la divulgation comme contraires aux intérêts de l'ordre public et à la tranquillité de la société. Et ce que la loi ne permet pas à l'enfant lui-même dans le but d'obtenir la constatation de son état civil, c'est-à-dire ce qu'il y a de plus important au monde, elle le permettrait à d'autres, dans le but d'obtenir une somme d'argent! Ce qu'elle refuse dans l'intérêt le plus sacré, elle l'accorderait à l'intérêt le plus mesquin! Assurément non ; ce n'est pas seulement à l'enfant et quant à la question d'état que l'art. 340 interdit la preuve de la paternité, il l'interdit d'une manière absolue à tout le monde et sous tous rapports ; c'est ce qui résulte et de l'esprit de la loi comme on vient de le voir et de son texte même puisque l'article ne dit pas dans un sens relatif que la recherche de la paternité est interdite pour l'enfant, mais dit au contraire de la manière la plus absolue que la recherche de la paternité est interdite ; » les décisions de la jurisprudence ne peuvent donc juridiquement s'expliquer, de quelque côté que l'on se tourne la constatation de la paternité naturelle est prohibée et par cela seul qu'il y a preuve et proclamation de cette paternité, il y a violation de la loi.

La véritable explication du système de la jurisprudence consiste à voir dans ces décisions judiciaires le sentiment d'équité, qui pousse les magistrats chargés d'appliquer la loi, à en tempérer les rigueurs, lorsque son application rigoureuse ne semble pas conforme aux principes du droit naturel et de la morale. De même qu'on a sanctionné par un détour les promesses de mariage, de même pour que cette sanction soit efficace, on a dû pratiquer une brèche au principe de l'interdiction de la recherche de la paternité, et on est arrivé à réparer le préjudice le plus grave de tous ceux qui peuvent nuire à une jeune fille et briser son avenir. C'est une interprétation équitable, mais fort peu juridique, aussi peu juridique, quand on l'envisage dans ses conséquences que dans son principe; car en imposant au fiancé qui a manqué de parole, l'obligation de réparer le préjudice résultant de la naissance de l'enfant qu'il répudie, on en arrive à conclure, qu'il y a deux manières d'être père naturel. « Dans une classe d'hypothèses, on serait tenu de tous les devoirs et de toutes les relations qui constituent la parenté naturelle, ce serait quand la reconnaissance a été volontaire; dans une autre classe, on ne serait tenu que de réparer un dommage, quel dommage? on ne sait, mais enfin, qui serait distinct des obligations de père naturel, moins étendu, moins considérable si vous voulez... Mais la difficulté est, que nulle part, on ne trouve trace de cette double paternité, si nous pouvons dire, d'une dualité quelconque d'hypothèses qu'auraient prévue les rédacteurs du Code civil. Toujours on parle d'une paternité une, indivisible » (1).

Aussi, la jurisprudence, sentant bien le peu de solidité de son interprétation, n'est pas sûre d'elle-même, elle hésite, et les nombreuses décisions rendues sur la matière, tout en partant du même point de départ, n'aboutissent pas au même résultat. Nous ne voulons retenir, comme preuve des inconséquences qui s'y trouvent, que la différence frappante entre le chiffre des domma-

(1) Giraud, *op. cit.*, p. 41.

ges-intérêts alloués. La réparation, semble-t-il, doit se mesurer à l'étendue du préjudice causé. Quand une fiancée allègue à l'appui de sa demande de dommages-intérêts la grossesse qui a suivi la promesse de mariage, il y a deux éléments à envisager : d'une part, le préjudice moral, c'est la réputation atteinte ; d'autre part, le préjudice pécuniaire, c'est l'enfant dont il faut assurer l'existence. Ces deux éléments sont sensiblement les mêmes dans tous les cas, pourquoi alors ces différences choquantes, dans l'allocation des dommages-intérêts (1)?

Quoi qu'il en soit, une jurisprudence aujourd'hui constante tient compte, pour évaluer les dommages-intérêts réclamés par la jeune fille abusée par une promesse de mariage, de la grossesse dont elle a été victime, quand cette grossesse a été la conséquence et le résultat de la promesse (2).

(1) Le tribunal de Castel-Sarrazin dans l'espèce que nous avons citée alloue 3.000 francs à la fiancée abusée, et cette somme paraît suffisante à la Cour de Colmar (31 décembre 1863) et à la Cour de Toulouse (28 novembre 1871). La Cour d'Aix (7 juin 1869) va jusqu'à 4.000 francs. La Cour de Montpellier (10 mai 1851) descend à 1.200 francs et la Cour de Bordeaux (27 novembre 1882) plus bas encore, à 500 francs. La Cour de Bourges en 1879 va jusqu'à 10.000 francs et dernièrement (1896) le tribunal de Saint-Jean d'Angély est allé jusqu'à 22.000 francs.

(2) Cette théorie de l'allocation des dommages-intérêts à l'occasion des promesses de mariage suivies de grossesse, n'est qu'une branche de la théorie générale de la séduction fondée de toutes pièces par la jurisprudence. La séduction à elle seule ne peut donner lieu à aucuns dommages-intérêts : mais quand elle est accompagnée de circonstances spéciales, susceptibles de mettre en faute et de rendre responsable l'auteur de la séduction comme promesse de mariage, abus d'autorité, supériorité d'âge, il y a lieu à l'application de l'art. 1382. Or comme il est dans tous les cas question d'enfants, il a fallu,

La troisième condition nécessaire, avons-nous dit, pour que l'action en dommages-intérêts réussisse, c'est que la rupture ait lieu sans justes motifs. Nous avons montré comment la jurisprudence, renversant les rôles, n'oblige pas le demandeur à faire la preuve de la faute ou de l'imprudence du défendeur; comment la Cour suprême (arrêt de 1877) voit cette faute dans le seul fait de la rupture, imposant à celui qu'on poursuit l'obligation de dégager sa responsabilité présumée à l'avance, obligeant même le jeune homme ou la jeune fille qui a de justes motifs de se dédire à les divulguer au grand jour, au risque de passer pour manquer de générosité. Aussi, peut-on dire qu'en fait, cette troisième condition est remplie par cela seul que la rupture a lieu sans motifs avoués.

Il est impossible de prévoir toutes les raisons qui permettent au fiancé de se dégager impunément de sa promesse de mariage; elles varient avec les espèces et suivant les cas; telle circonstance, tel événement qui pourra être pour l'un une juste cause de dédit n'en sera pas pour l'autre; c'est une question de fait à résoudre par les juges chargés de trancher le débat, ils s'inspireront, pour rendre leur décision, de toutes les circonstances de la cause. D'une manière générale, on peut dire que tout fait qui eût empêché le fiancé de promettre le mariage

pour rendre l'application de l'art. 1382 utile, arriver à éluder la disposition de l'art. 340, et interpréter la loi de la façon que nous avons indiquée. — La jurisprudence est allée si loin dans cette voie qu'il a été jugé que la demande formée par un père tendant à obtenir une pension alimentaire pour sa fille flétrie dans son honneur, et une autre pour l'enfant né des relations avec son séducteur, ne formait pas un tout indivisible et que le premier chef de la demande était recevable quand l'autre ne l'était pas (Paris, 16 mars 1892. *Pand.* 1894. 2. 38).

si ce dernier l'eût connu plus tôt rend la rupture légitime; peu importe d'où vienne ce fait; peu importe la gravité de ses conséquences; peu importe qu'il soit imputable à l'autre fiancé ou à sa famille, qu'il atteigne les intérêts pécuniaires ou qu'il fasse tort à la réputation; du moment que si l'état de choses actuel se fût présenté plus tôt les promesses n'eussent pas été échangées, le fiancé a un juste motif de dédit et peut se retirer librement (1).

Parmi les causes de rupture qui se présenteront le plus souvent, on peut citer les infirmités physiques, les condamnations pénales, la grossesse de la fiancée à moins bien entendu qu'elle ne soit imputable au fiancé, la diminution de fortune quelle qu'en soit la cause. « Il ne s'agit pas, dit à ce sujet Demolombe (2), de savoir s'il n'y aurait pas alors plus de noblesse de cœur à ne pas s'éloigner d'un futur époux malheureux ou ruiné! Je pose une question de droit, une question juridique de dommages-intérêts; or, en droit, je pense que le changement survenu, soit dans les personnes, soit dans la fortune de l'un des futurs époux, peut être tel que le refus de la part de l'autre de procéder à la célébration de mariage soit légalement fondé. »

Le futur époux pourrait-il encore expliquer sa conduite en donnant pour raison le refus de son père de consentir au mariage?

L'affirmative est certaine quand le fiancé est mineur, le défaut de consentement du père formant un empêchement à la célébration du mariage. La même solution

(1) Demolombe, *Cours de Code Napoléon*, t. III, n° 29; Glasson, *op. cit.*, n° 101; Laurent, *op. cit.*, t II, n° 311.

(2) Demolombe, *loc. cit.*, n° 28.

s'impose, croyons-nous, quand le fiancé a atteint sa majorité matrimoniale. Le législateur a, en effet, donné aux parents la mission spéciale de veiller au bonheur de ceux de leurs enfants qui vont s'engager dans les liens du mariage ; elle les a investis à cet effet d'un droit spécial, le droit de faire opposition au mariage ; par suite, on doit considérer la rétractation du fiancé en présence du refus des parents de consentir au mariage comme l'accomplissement du devoir d'obéissance, et y voir une juste cause de rupture des promesses échangées.

Le juge doit, d'ailleurs, être très large dans l'appréciation des causes légitimes de dédit pour ne pas violer le fameux principe sur lequel on s'appuie tant dans cette matière, de la liberté des mariages. Aussi la Cour d'Alger, se basant sur un motif d'intérêt purement pécuniaire, a jugé le 16 novembre 1894, que la rupture par le futur époux d'un projet de mariage après les publications ne saurait entraîner condamnation à des dommages-intérêts au profit de la future, lorsque le refus de donner suite à la promesse de mariage est motivé, non par un pur caprice, mais par le défaut d'exécution de la part du père de la future, de l'engagement qu'il avait pris de constituer une dot à sa fille (1).

Le fiancé, qui a souffert de la rupture d'une promesse de mariage, peut donc, d'après la théorie admise aujourd'hui faire valoir à l'appui de sa demande de dommages-intérêts le préjudice matériel et moral qu'il a subi.

La réparation, pour être juste, doit être proportionnée à l'étendue du préjudice. Il est inutile de dire que les dommages-intérêts alloués devront comprendre seu-

(1) Sirey. 1895. 2. 230.

lement le préjudice souffert, le *damnum emergens*, les juges ne devront pas tenir compte du gain manqué, du *lucrum cessans,* des bénéfices qu'avait entrevus le fiancé par suite de la réalisation d'un brillant mariage. Il ne faut pas oublier, en effet, que noussommes ici en matière quasi-délictuelle et si le fiancé était fondé à obtenir des dommages-intérêts pour la situation avantageuse qu'il avait espérée, il serait aussi fondé à demander le maintien des avantages soit présents, soit futurs qui lui auraient été faits par les conventions matrimoniales, ce qui serait contraire à l'article 1088, aux termes duquel ce qui a été promis par contrat de mariage tombe avec le projet de mariage (1). D'ailleurs, tenir compte du *lucrum cessans* dans l'évaluation des dommages-intérêts, ce serait abaisser singulièrement l'institution du mariage, faire une question d'argent d'un acte qui doit rester au-dessus des intérêts pécuniaires; ce serait favoriser de honteux spéculateurs.

Les dommages-intérêts qui, suivant la jurisprudence, peuvent être alloués en vertu de l'art. 1382, doivent donc se mesurer uniquement sur le dommage réellement causé (2).

(1) Demolombe, *op. cit.*, n° 30.

(2) Nous avons toujours supposé que les promesses de mariage avaient été échangées entre majeurs. Si elles avaient été échangées entre mineurs, la question se pose de savoir si le père pourrait être déclaré civilement responsable. La réponse dépendra, croyons-nous, de la conduite du père dans la circonstance. S'il n'avait jamais consenti au mariage, il est évident que sa responsabilité ne pourrait être engagée. Si, au contraire, loin de s'opposer au mariage, il n'avait fait que favoriser la connaissance des fiancés et l'échange des promesses et que plus tard il viendrait à retirer le consentement qu'il avait donné, il serait en faute si la rupture était fallacieuse, mais non pas s'il se

§ 2. — *Du sort du contrat de mariage, des constitutions de dot, des donations.*

Le contrat de mariage est subordonné à la célébration du mariage, la condition *si nuptiæ sequantur* y est sous entendue, aussi le projet de mariage tombant, le contrat de mariage tombe avec lui.

La constitution de dot qui y est constatée, destinée, qu'elle est à faire face aux charges du mariage est en raison de sa qualité propre et de sa destination résolue avec le contrat.

Les donations, qui ont été faites par l'un des futurs époux à l'autre en vue du mariage, sont aussi résolues, car « toute donation faite en faveur du mariage sera caduque si le mariage ne s'ensuit pas », dit l'art. 1088 du Code civil. La question de droit ne fait donc pas de doute, mais le Code ne s'est point expliqué sur la question de fait. Quelles sont les donations faites en faveur du mariage ?

La question ne présente point d'intérêt pour les donations contenues dans le contrat de mariage, celles-là sont réputées de plein droit faites en vue du mariage, car l'art. 1541, en décidant que tout ce que la femme se constitue, ou tout ce qui lui est donné dans un contrat de mariage est dotal s'il n'y a stipulation contraire, permet de tirer cette déduction que la donation faite dans un contrat de mariage doit être présumée faite en vue du

bornait à empêcher le mariage sans alléguer des motifs, car alors sa manière d'agir ne serait que la mise en exercice de son droit de faire opposition au mariage.

mariage (1). De plus, l'art. 1088 au chapitre des donations faites par contrat de mariage ne trouve son application exacte que dans le cas où la donation est faite par le contrat lui-même : il est conforme à la logique et au droit que quand le contrat de mariage n'a plus sa raison d'être, il entraîne dans sa ruine toutes les dispositions qui y sont contenues et qui se rattachent à lui comme les effets à la cause ; dans ce cas donc, la présomption légale que le mariage a été le seul motif déterminant de la libéralité est absolue, et ne saurait être combattue par une preuve contraire.

Où la difficulté se présente, c'est pour les donations faites en dehors du contrat de mariage par acte séparé, et surtout pour les dons manuels, qui ne sont bien souvent environnés d'aucune circonstance permettant de déterminer le but que l'on s'est proposé en les faisant. D'ailleurs, il arrive souvent que les futurs époux ne font pas de contrat de mariage, et cependant il y a dans ces cas même des donations faites en faveur du mariage, comment le prouvera-t-on ? Dira-t-on que du moment qu'elles ont été faites entre fiancés elles ont été faites en vue du mariage, et en tirera-t-on cette conclusion que la condition résolutoire y est présumée de plein droit ; dira-t-on, au contraire, qu'il est probable que la donation est étrangère au mariage et que c'est à celui qui demande la résolution de la donation de prouver que la condition résolutoire y était sous-entendue?

Nous croyons que les libéralités faites en dehors du contrat de mariage, quelle que soit la force des motifs

(1) Duranton, *Cours de droit français*, n° 606; Toullier, *Droit civil français*, t. V, n° 829; Laurent, t. XV, n° 168; Coin-Delisle, *Donations et testaments, sur l'art.* 1081.

qui sembleraient les rattacher à ce mariage, ne doivent pas être présumées faites en faveur du mariage, car à la différence de celles qui sont contenues dans le contrat lui-même elles peuvent avoir une existence propre qui peut se soutenir en dehors de toute célébration de l'union projetée, souvent même elles peuvent être considérées comme de simples marques de galanterie. Les décisions judiciaires sont rares sur la matière car ces donations comprennent généralement les bagues et joyaux offerts à l'occasion du mariage, et comme le dit M. Vidal (1), « les sentiments de délicatesse et d'honneur qu'une rupture de mariage atteint si vivement en déterminent presque toujours la restitution spontanée... Il est rare qu'une femme et une famille aient le triste courage de conserver jusqu'à ce qu'une décision judiciaire les leur arrache, les souvenirs toujours pénibles d'un projet de mariage rompu ». Le même auteur cite un arrêt de la Cour de cassation de Naples du 13 août 1881, qui dit que les dons manuels faits entre fiancés ne doivent pas nécessairement être présumés faits en vue du mariage et soumis à la condition toute de restitution au cas où le mariage n'aura pas lieu. Cette disposition confirme notre opinion, car l'art. 1081 de notre Code civil se trouve reproduit par l'art. 1068 du Code civil italien. La cour de Toulouse avait d'ailleurs fait quelques jours auparavant (4 août 1881) (2) application des mêmes principes dans une espèce intéressante, l'arrêt qu'elle avait rendu à cette date, tout en reconnaissant que la libéralité faite par contrat de mariage est

(1) *Op. cit.*, p. 65,
(2) D. P. 82. 2. 94.

présumée faite en vue du mariage, tandis que la même présomption ne doit pas s'appliquer à celle qui n'y est pas contenue, faisait ressortir que dans l'espèce la libéralité faite par le fiancé, au lieu d'avoir été faite en vue du mariage, n'avait eu d'autre but que de réparer le préjudice occasionné par une séduction.

Le donateur doit donc prouver soit par les termes de la donation, soit par les circonstances de la cause, la condition résolutoire imposée à la donation, car si cette preuve n'est pas faite, la caducité de la donation ne résultera pas *ipso facto* de la non célébration du mariage.

Il importe de remarquer que la restitution faite par le fiancé, auquel est imputable la rupture de la promesse de mariage, pourra bien ne pas suffire à désintéresser complètement l'autre époux. Il en sera ainsi notamment pour la restitution des bijoux, qui même s'ils n'ont pas été portés ne seront plus d'un usage marchand. Le juge aura alors à tenir compte de la diminution de valeur de ces objets dans l'évaluation des dommages-intérêts accordés.

A propos des donations qui précèdent généralement le mariage, M. Vidal examine la question de la corbeille de mariage, qui est dans l'usage offerte par le futur époux. Le fiancé, dit-il, peut la constituer de deux façons différentes : il peut donner à sa fiancée une somme suffisante pour l'acheter en l'accompagnant chez les fournisseurs, ou bien il peut lui donner toute latitude d'aller chez ces derniers prenant ainsi à sa charge le montant des achats. Il y a lieu alors d'examiner la situation de la fiancée et celle des fournisseurs en cas de rupture de la promesse.

Quand le fiancé aura donné à sa fiancée une somme d'argent, celle-ci sera seule liée vis-à-vis des fournisseurs, et elle sera débitrice de son fiancé de la somme à elle donnée, sauf bien entendu au juge à tenir compte des achats inutilement faits dans l'évaluation des dommages-intérêts, si la rupture vient du fait du fiancé ; que si, au contraire, ce dernier a assisté aux achats ou les a pris à sa charge, il est personnellement débiteur des fournisseurs, mais sa fiancée devra le rendre indemne. M. Vidal cite à ce propos un arrêt de la Cour d'Aix du 27 avril 1865 (1) n'ayant pas trait directement à notre hypothèse, mais précisant nettement néanmoins la situation du fiancé vis-à-vis de la fiancée et des fournisseurs.

(1) Voir *Pal.* 1866. 225.

CHAPITRE IV

De la preuve des promesses de mariage.

Nous avons dit que la réussite de l'action en dommages-intérêts au profit de la partie lésée par la rupture d'une promesse de mariage était subordonnée à la preuve de l'existence de la promesse; le moment est venu de rechercher comment cette promesse pourra être établie.

Sans aucun doute, la preuve peut en résulter de l'aveu du défendeur ou d'un écrit émané de lui, sauf au tribunal, dans ce dernier cas à apprécier la force probante et le caractère des écrits ainsi produits au procès. La promesse est encore régulièrement prouvée, si elle est contenue incidemment dans un acte authentique comme le contrat de mariage déjà rédigé. Mais indépendamment de tout écrit ou de tout commencement de preuve par écrit, la preuve par témoins ou par présomption est-elle admissible ?

L'affirmative ne paraît pas douteuse en présence de la théorie aujourd'hui admise sur les promesses de mariage. L'obligation de réparer le préjudice causé n'est pas la conséquence d'un contrat valablement passé, mais le résultat d'un fait dommageable, d'un quasi délit, c'est, ne l'oublions pas, l'art 1382 et non l'art. 1142 qui est en jeu Or, si l'article 1341 du Code civil déclare qu'il doit être passé acte de toutes choses ou valeurs excédant la somme de cent cinquante francs et pose ainsi en principe qu'au-dessus de cette somme la preuve par écrit est seule possible, l'art. 1348, 1°, vient y apporter une dérogation pour les obligations naissant des quasi-contrats, délits ou quasi-délits, dérogation qui s'applique par conséquent à l'obligation mise à la charge du fiancé qui se dérobe. C'est dire que la partie lésée pourra prouver la promesse de mariage par témoins ou par simples présomptions (1).

L'opinion contraire, qui exige la preuve par écrit de la promesse, est néanmoins soutenue (2). On exigeait cette preuve, dit-on, dans notre ancien droit; et admettre la preuve testimoniale ou les présomptions, c'est multiplier à l'envi des procès scandaleux qu'il y a le plus grand intérêt à éviter. D'ailleurs, ajoute-t-on, cette solution se concilie parfaitement avec les principes de notre droit civil en matière de preuve, l'art. 1347 forme la règle, l'art. 1348 l'exception, et l'art. 1348 déroge à la règle « toutes les fois qu'il n'a pas été possible au créancier de se procurer une preuve littérale de l'obligation qui a été contractée envers lui ». Si donc dans un quasi-délit, il y a un fait juridique et en particulier une convention dont on a pu se procurer une preuve par écrit, on n'est plus alors dans l'exception, on rentre dans la règle qui est la prohibition de la preuve par témoins. La violation d'un dépôt volontaire, par exemple, constitue un délit, néanmoins le juge correctionnel saisi de la connaissance du délit de violation de dépôt et compétent pour statuer sur la question d'existence du dépôt, devra se

(1) En ce sens, Glasson, *op. cit.*, n° 101 ; Demolombe, *op. cit.*, t. III, n° 33.

(2) Laurent, *op. cit.*, t. III, n° 310; Huc, *op. cit.*, t. II, n° 9.

conformer, pour admettre la preuve du dépôt à l'art. 1341 du Code civil; et s'il s'agit de valeurs excédant cent cinquante francs, il ne pourra admettre la preuve par témoins, qu'autant qu'il y aura commencement de preuve par écrit. Il doit en être de même pour la promesse de mariage, car rien n'est plus facile que de se faire remettre un écrit constatant cette promesse et dès lors il n'y a plus lieu à l'exception de l'art. 1348.

L'argument d'analogie ne tient pas. La violation d'un dépôt volontaire est, en effet, la violation d'une convention juridique, d'un contrat parfaitement valable et reconnu par le Code civil ; la rupture de la promesse de mariage, ne peut y être assimilée, car cette promesse, étant aux yeux du législateur sans valeur juridique, il ne peut être question de violation d'une convention qui légalement n'existe pas. Si, dans notre ancien droit, la preuve écrite des fiançailles était exigée, c'est précisément parce qu'alors elles étaient valables, elles avaient un caractère qu'on ne leur reconnaît pas de nos jours. D'ailleurs, s'il fallait en rapporter une preuve écrite, on arriverait à cette conséquence curieuse, c'est qu'une certaine classe d'individus serait mise sur un pied d'infériorité extraordinaire : la promesse de mariage étant nulle, comme contraire à l'ordre public et aux bonnes mœurs, elle ne peut par suite être rédigée par un officier public en la forme authenthique, les illettrés, incapables de passer un acte sous signatures privées, seraient dès lors dans l'impossibilité absolue de faire constater l'échange de leurs promesses et par conséquent d'en faire la preuve. Cette prétention d'exiger en justice la production d'un écrit, dépourvu d'ailleurs de toute valeur légale, n'est-elle pas exagérée?

Il nous paraît plus conforme aux idées admises sur la matière, de se contenter de la preuve par témoins et même par simples présomptions de ces promesses qui, dans la pratique, ne se contractent qu'oralement comme des engagements d'honneur; il répugne à la délicatesse de tout honnête homme de consigner par écrit de telles conventions. C'est en ce sens, qu'on trouve quelques décisions judiciaires, qu'on ne peut qu'approuver. Les abus, les intrigues plus ou moins scandaleuse que voudrait écarter l'opinion contraire ne sont guère à craindre, car il est loisible aux juges d'écarter les demandes qui leur paraissent peu fondées, ou inspirées uniquement par la vengeance et le désir de nuire (1).

(1) Voyez en ce sens, Trib. civ. Grenoble, 22 janv. 1868, au *Journ. arr. Grenoble et Chambéry*, 1868, p. 230; Trib. Die, 22 décembre 1885, *idem*, 1886, p. 82; Trib. Loudun, 7 décembre 1883, *Gaz. Pal.* 84. 1. 74.

CONCLUSION

Après avoir parcouru l'évolution des fiançailles dans l'histoire de notre droit français, on peut constater que cette évolution se rattache intimement à celle de la formation du mariage.

A l'origine lorsque le mariage rentrait dans la classe générale des contrats réels, exigeant pour sa formation, outre l'accord des volontés, l'accomplissement d'une prestation déterminée, les fiançailles n'étaient pour ainsi dire qu'une partie du contrat de mariage puisqu'elles contenaient l'échange des consentements des futurs époux ou de leurs familles : telles étaient les fiançailles germaines.

Plus tard, lorsque le mariage de contrat réel qu'il était devint contrat consensuel, produisant tous ses effets par suite de l'échange des consentements donné suivant une forme déterminée, sans qu'aucune prestation ne vînt s'y adjoindre, les fiançailles ne consistèrent plus que dans l'obligation prise de fournir *in futuro* ces consentements au mariage : les *sponsalia* canoniques n'étaient pas autre chose.

Enfin l'évolution continuant, on s'est bien pénétré de cette idée que le mariage devait être parfait par le seul consentement des parties échangé devant l'officier de l'état civil, et on en a déduit la nécessité, pour que le consentement fût valable, de le dégager de toute entrave, de tout lien antérieur : c'est la période moderne. Les fiançailles ont dès lors cessé d'exister et on a proclamé la nullité des promesses de mariage qui sans cela auraient directement porté atteinte à la liberté du consentement.

Nous devons dire cependant, en terminant, que la thèse de Toullier et de Merlin qui après l'apparition du Code civil soutinrent la validité de ces promesses, trouve encore quelques défenseurs aujourd'hui (1). Si nous jetons d'ailleurs les yeux autour de nous, nous voyons que cette thèse est conforme aux idées reçues dans la plupart des législations européennes. « Dans bien des États de l'Europe les fiançailles existent encore, dit M. Glasson (2), et les promesses de mariage sont parfaitement valables, à la condition le plus souvent d'avoir été faites suivant une certaine forme prescrite par la loi : leur inexécution donne lieu à des dommages-intérêts. » Les nations voisines admettent en effet les fiançailles, les codes étrangers contiennent des dispositions à leur égard (3) : en général on ne leur reconnaît pas force obligatoire, mais on admet que le refus de les exécuter donne naissance à une action en dommages-intérêts en faveur de celui des fiancés qui a souffert de leur inexécution. En Angleterre même (4) et dans le canton de

(1) Voyez notamment, Giraud, *op. cit.*

(2) *Du consentement des époux au mariage*, n° 184.

(3) Code civil espagnol, art. 43-44 ; Code civil italien, art. 53-54 ; Code civil portugais, art. 1607 ; Code civil hollandais, art. 113 ; Code serbe, art. 60 et suiv.

(4) Lehr, *Droit civil anglais*, n° 93.

Zurich (1), on ne se borne pas à allouer des dommages-intérêts pour réparer le préjudice causé, on va plus loin et on fait rentrer dans l'évaluation de ces dommages-intérêts le gain manqué par l'autre partie, le *lucrum cessans*.

Quoi qu'il en soit, nous ne croyons pas que dans notre droit français, avec la conception que nous avons du mariage, en présence de la liberté pleine et entière exigée à l'instant précis où le consentement est donné, il soit possible de reconnaître la validité des promesses de mariage, et nous préférons dire que ces promesses de mariage sont nulles. Nous croyons toutefois que la jurisprudence actuelle, après avoir admis ce principe, va trop loin dans l'allocation des dommages-intérêts en faveur de celui auquel on a manqué de parole. Dans le silence du Code l'inexécution de la promesse de mariage, quelque préjudice qui ait pu en résulter, ne peut à elle seule être la source d'une action en dommages-intérêts. Pour que cette action puisse prendre naissance, il faut, selon nous, qu'à cette rupture se joigne une faute concomitante, une négligence ou une imprudence coupable, imputable à celui qui, en dehors de là, ne fait qu'user de son droit.

Il est vrai qu'en admettant que l'inexécution de semblables promesses « soit en principe une cause de dommages-intérêts » (2), notre jurisprudence arrive au même résultat que les nations voisines qui sanctionnent l'inexécution des fiançailles. Mais entre elles et nous, il y a cette différence qu'elles peuvent s'appuyer sur une dis-

(1) Code civil de Zurich, art. 576 à 582.

(2) Pontoise, 27 décembre 1893. *Gazette des tribunaux*, 8 septembre 1894.

position législative spéciale, tandis que cette disposition manque dans notre législation.

Aussi est-il permis de se demander si le législateur, pour mettre fin à toutes difficultés et laisser moins de place à l'arbitraire, ne devrait pas combler cette lacune et faire, ce qui était dans l'intention des rédacteurs du Code civil, édicter quelques dispositions sur la matière. Le moment nous paraîtrait d'ailleurs bien choisi aujourd'hui que s'agite la solution de la recherche de la paternité à propos de laquelle il avait été précisément question autrefois des promesses de mariage. Car si l'on admet le droit à la réparation du préjudice causé par la rupture de ces promesses, il faut, pour que la réparation puisse être complète, supprimer l'art. 340 qui vient y mettre obstacle dans la plupart des cas. La déclaration de paternité nous paraît en effet indispensable pour réparer, d'une façon adéquate, le préjudice pécuniaire et surtout le préjudice moral subi par la fiancée délaissée et par l'enfant né de leurs relations. Il y a un lien étroit au point de vue pratique entre la question de la recherche de la paternité et celle des promesses de mariage, et il est à souhaiter que le législateur, en s'occupant de la première, s'occupe aussi de la seconde; le désir de Cambacérès sera ainsi réalisé : « le cas sera prévu et décidé », et les juges, chargés de trancher les difficultés portées devant eux, se prononceront avec certitude, en se basant sur des principes alors nettement établis.

Vu par le Professeur chargé d'examiner la thèse :
A. Fettu.

Vu par le Doyen :
G. de Caqueray.

Vu et permis d'imprimer :
Le Recteur de l'Académie de Rennes.
J. Jarry.

TABLE DES MATIÈRES

Pages.

INTRODUCTION 1

Ire PARTIE : **Les fiançailles en droit germanique** . 7

CHAPITRE I. Les fiançailles existaient-elles chez les Germains? 7
— II. Formation, nature des fiançailles . . . 11
— III. Effets des fiançailles 22
— IV. De la rupture des fiançailles. 28

IIe PARTIE : **Les « sponsalia » en droit canonique** . 33

SECTION I. *Les « sponsalia » avant le Concile de Trente* . 34

CHAPITRE I. Conception historique, formation des *sponsalia* 34
— II. Effets des *sponsalia* 52
— III. Conditions de validité des *sponsalia* . . 68
— IV. De la dissolution des *sponsalia* 80

SECTION II. *Les « sponsalia » après le Concile de Trente* . 89
— III. *Compétence et procédure en matière de « sponsalia »* 98

IIIe PARTIE : **Les fiançailles dans notre ancien droit civil** 111

Pages.

IVe PARTIE : **Les promesses de mariage dans notre droit actuel** 123

CHAPITRE I. Les fiançailles existent-elles encore? Promesses de mariage 123

— II. De la valeur juridique des promesses de mariage 127

— III. Des suites de la rupture des promesses de mariage 147

§ 1. Le préjudice causé peut-il être réparé?. 147

§ 2. Du sort du contrat de mariage, des institutions de dot, des donations. 173

— IV. De la preuve des promesses de mariage. 178

CONCLUSION. 183

ANGERS, IMPRIMERIE DE A. BURDIN, 4, RUE GARNIER.

www.ingramcontent.com/pod-product-compliance
Ingram Content Group UK Ltd.
Pitfield, Milton Keynes, MK11 3LW, UK
UKHW020124200726
13856UKWH00002B/713

9 782013 070690